NHK趣味の園芸 よくわかる栽培12か月

芝生

浅野義人・加藤正広

目次

Column

JBP-N.Kamibayashi

本書の使い方

本書は、芝生の栽培管理を1月から12月に分け、月ごとに詳しく紹介しています。芝生を構成するシバには、暖地型の日本シバと主に寒地型の西洋シバがあり、両者ではその生育サイクルや管理の仕方が異なります。本書では、コウライシバ（日本シバ）と西洋シバ（寒地型西洋シバ）に分けて解説しているので、お読みいただくことで、緑の絨毯のような美しい芝生をつくる栽培管理法をおわかりいただけることと思います。月ごとの生育状況、主な作業、管理の仕方などをわかりやすく解説しているので、毎月そのページを開けば、どんな作業や管理が必要かすぐにわかります。なお、構成上、一部が前月の作業や管理と重複していることもあります。

●**適期について**　本書は関東地方以西を一般地として、それを基準にして作業と管理を解説しています。お住まいの地域の気候の違いにより、作業や管理の適期にずれが生じることもあります。
●**管理は植物に合わせて**　栽培場所の土壌や気候、その他の環境により生育の状態は異なります。水やり、肥料の分量などはあくまでも目安です。植物の状態に合わせて加減してください。

芝生の魅力と種類

芝生とは?

●起源は放牧地の草

芝生とは、丈が短く、細かい葉を密生させる草が集まり、ある程度まとまった広がりで地面を覆っている部分を指します。広義にはグラウンドカバーの一つといえるでしょう。庭園や公園、サッカーなどの競技場、そしてゴルフ場には、緑の絨毯を敷き詰めたような芝生が欠かせないものとなっています。

芝生は、ヒツジやウシ、ウマなどの家畜の放牧地に生える草が起源となっています。放牧地では、草は常に地上部を食べられます。そんななかで生き残ることができるのは、成長点が地際の低い位置にあり、また地面や地中を伸びるほふく茎をもつ植物だけです。長く放牧が続いた場所では、そうした体のつくりをもつイネ科植物などだけが生き残り、背丈の低い密な群落ができ上がります。これが芝生の原形です。人間が刈り込みを行って、家畜が食べる代わりをしているのが芝生というわけです。

ALPINA

牧草でもあるペレニアルライグラス。刈り込まないと、草丈70cmほどにもなる

シバの体のつくり

コウライシバ

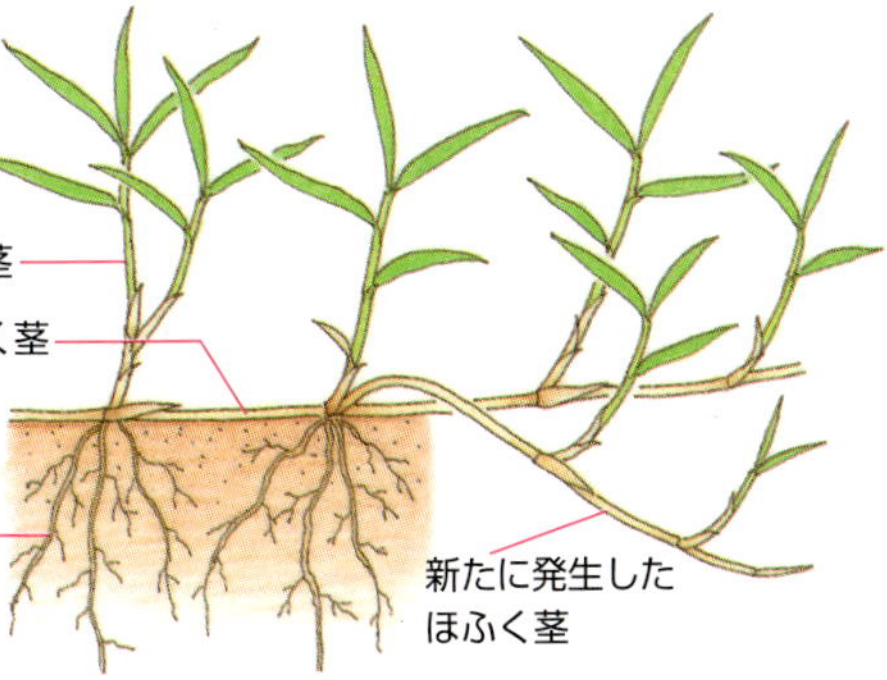

ほふく茎をもつタイプ

ほふく茎は地中や地表面を横に這って伸びる茎のこと。コウライシバをはじめ、芝生に利用される植物の多くはほふく茎をもち、地上部を刈られてもどんどん広がっていくことができる。

ペレニアルライグラス

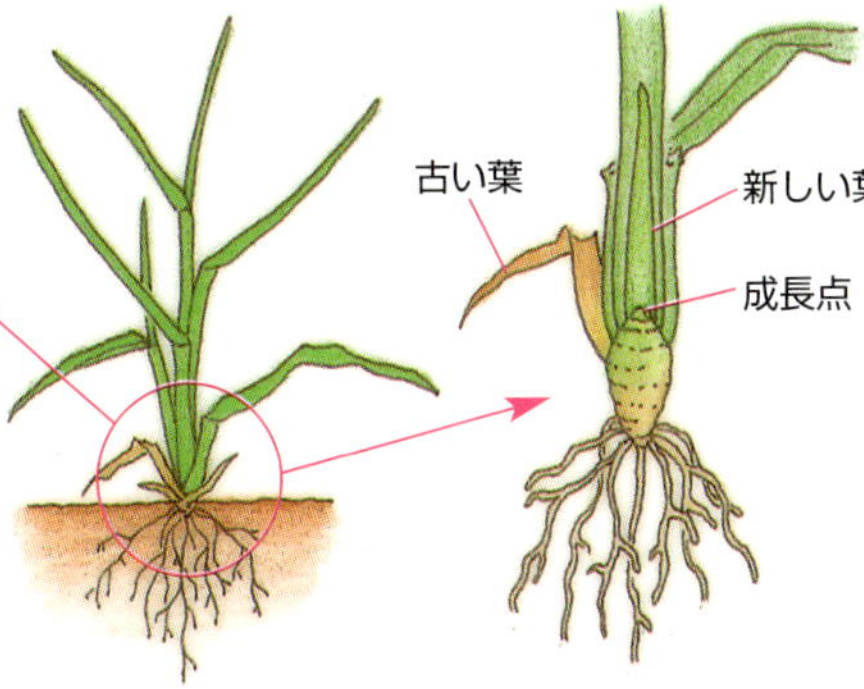

ほふく茎をもたないタイプ

ライグラス類などはほふく茎をもたず、直立し株立ちになる。しかし成長点は地際にあるので、刈り込まれても成長点までなくなることはなく、成長を続けることができる。

緑の絨毯のさまざまな機能

緑の芝生を見ると、心がなんとなくなごみます。さらに、裸足で芝生の上を歩いたときの感触、寝転んだときの開放感はたまりません。

芝生は庭を美しく見せるだけでなく、さまざまな機能ももっています。例えばクッションの役割を果たして子どもの安全な遊び場になります。また、砂埃が立ったり雑草が発生するのを抑え、地温を保って夏涼しく冬暖かくしてくれます。

芝生に利用される植物は、その大半はイネ科の植物で、総称してシバと呼ばれます。そのほか、キク科のローンカモミール、シソ科のクリーピングタイムやペニーロイヤルミントなども、環境条件や目的によって使い分けられます。

手づくり芝生を楽しもう

庭があれば、そこに芝生をつくりたくなるのは自然の流れではないでしょうか。コツさえつかんでしまえば、芝生管理は難しいものではありません。生育がおう盛な時期は週1回程度の刈り込みが必要になり、大変なようですが、考えようによってはそれはとても贅沢な時間だと思いませんか？　刈り込んだばかりの芝生を眺めながら飲むモーニングティーの優雅さ…。手づくりの芝生は楽しいものです。この機会に芝生を利用した庭づくりにチャレンジしてみてください。

ヒツジの放牧地。ヒツジに常に上部を食べられて、牧草は低い背丈で地面を覆う。これが芝生の起源

芝生のある庭

芝生の庭での使い方や手入れの腕前に関しては、欧米の家庭に一日の長があります。イギリスでは、芝生とバラの状態でその庭の持ち主の文化的レベルがわかるとさえいわれるくらいですから、その差はあって当然かもしれません。魅力的な使い方がされている欧米の芝生を紹介しましょう。

JBP-A. Tokue

緑の中に連なる白っぽい飛び石が印象的なアプローチ。日本の住宅事情でも、このくらいの広さの庭ならお持ちの方も多いはず。大いに参考にしよう

JBP-K.Idesawa

縁を直線ではなく優雅な曲線に仕上げた芝生。同じ面積でも曲線のほうが広くゆったりと見える

JBP-N.Kamibayashi

ボーダー花壇の中央を貫く緑の小道。砂利やレンガを敷いたときより、両わきの花壇がとても生き生きとして見える

長い歳月と惜しみない手入れがつくり上げた見事な芝生の広場。主役が芝生の庭では、シバの刈り目の方向や刈り跡がきれいなことも求められる。これだけ美しく保つのは、かなりの上級者でないと難しい

 JBP-N.Kamibayashi

直線的な石畳と幅広の芝生で構成され、広々とすっきりした印象のアプローチ。整形された左右の植木も効果的

芝生は平らなところだけとは限らない。斜面につくれば、土砂が流れ出したり、くずれたりするのも防げる。曲線を描いた玄関までの小道が楽しい

JBP-N.Kamibayashi

コウライシバでは無理だが、日陰に強い西洋シバなら大木の下でもはげてしまうことはない。紫褐色の葉の木と緑の芝生が引き立て合っている

エッジ（縁）が見事に切りそろえられた芝生。まさに緑の絨毯そのもの。芝生をきれいに見せるという点で最も重要な作業がエッジ切りだというのもうなずける

芝生の中の花壇に目の覚めるような原色の花々が咲く。色が多すぎると落ち着かない感じになりがちだが、芝生があるとなじむから不思議

 JBP-N.Kamibayashi

JBP-Y.Hirota

西洋シバの芝生なら一年中緑色。春先に咲くヒアシンスやチューリップの花色が、芝生の緑色に引き立てられてより鮮やかに見える

黄覆輪のセイヨウヒイラギのトピアリーが印象的な庭。斑入り葉や黄金葉の庭木を効果的に使うのにも、芝生の緑が欠かせない

芝生を四角くくりぬいたベッドに植物を植えた薬草の見本園。不粋なコンクリート枠とは違って、植物の生育が十分でない時期でも美しい

 撮影/N. Kamibayashi

シバの種類とその特徴

芝生に使われるイネ科植物は、15属34種もあるといわれています。それらは、生育適温と栽培地域により、「暖地型シバ」と「寒地型シバ」とに大別できます。

●冬枯れする暖地型シバ

暖地型シバは暑さや乾燥に強く、夏、30℃以上の高温になっても成長するため「夏型シバ(夏シバ)」とも呼ばれます。日本では、晩秋に気温が低くなると生育が止まり、葉が枯れて休眠状態で冬を越して、春になると新芽を出して生育を再開します。この仲間には、日本シバと呼ばれるコウライシバやノシバのほかに、西洋シバのバミューダグラスなどがあります。一般にはソッドと呼ばれるタイル状の苗が市販され、それを植えつけて(つまりシバ張りをして)芝生をつくります。

●常緑の寒地型シバ

これに対し、寒地型シバは寒冷地に適して、冬期も緑色の葉を保つので「常緑型シバ(冬シバ)」とも呼ばれます。生育適温は15~20℃で春と秋におう盛に生育し、5℃以下になると生育が停止しますが、葉が枯れることはありません。ベントグラス類やブルーグラス類、フェスク類、ライグラス類などほとんどの西洋シバが含まれ、慣用的には寒地型シバを西洋シバと呼んでいます。一般にはタネをまいて芝生をつくります。

暖地型、寒地型の代表的なシバの種類と特徴は22～23ページの表を参照してください。

コウライシバ
日本シバの一つで、日本では最もポピュラー。高温や乾燥に強く、丈夫

クリーピングベントグラス
繊細で美しい芝生をつくる寒地型西洋シバで、ゴルフ場のグリーンに使われる

ケンタッキーブルーグラス
寒地型西洋シバでは最も利用されている。暑さには弱いが、踏圧には強い

寒地型シバ（常緑型シバ）とその特徴

分類		種名（和名）	特性
イネ科 ウシノケグサ亜科	コヌカグサ属 *Agrostis*	クリーピングベントグラス （ハイコヌカグサ） *A. stolonifera*	ゴルフ場のグリーンでよく使われ、非常に繊細で美しい芝生をつくる。しかし、高温多湿に弱く、暖地では夏枯れしやすい。また、乾燥に弱く、管理には手間がかかる。ほふく茎がよく発達する。
	ウシノケグサ属 *Festuca* 広葉フェスク	トールフェスク （オニウシノケグサ） *F. arundinacea*	暖地でもよく生育し、性質も強健。西洋シバとしては環境適応力が高く、乾燥や日陰にも耐える。株型で、葉はやや粗い感じがする。サッカー競技場などによく使われる。
	細葉フェスク （ファインフェスク）	クリーピングレッドフェスク （ハイウシノケグサ） *F. rubra var. genuina*	成長も早く強健。葉は細く肉厚。短いほふく茎をもち、密な芝生になる。日陰にも強い。矮性品種が競技場などに使われる。
		チューイングフェスク *F. rubra var. commutata*	株型で、葉は細く肉厚。耐暑性が弱い性質を利用して、ウインターオーバーシーディングに使われる。
		ハードフェスク （コウライウシノケグサ） *F. ovina var. durius-cula*	株型で、葉は細く肉厚。日陰に強いので、樹木の下などに使われる。乾燥にも強く、今後利用がふえると思われる。
	ドクムギ属 *Lolium*	アニュアルライグラス （イタリアンライグラス、ネズミムギ） *L. multiflorum*	一年生で、発芽や初期成長が早く、耐暑性が弱い。この性質を利用してウインターオーバーシーディングに使われるが、シバ質や葉色はペレニアルライグラスより劣る。牧草としても利用される。
		ペレニアルライグラス （ホソムギ） *L. perenne*	再生力が強く、アメリカでは競技場に使われる芝草の中心的種類。ほふく茎がない株型。初期成長の早さが特徴で、本州以南では短期利用に適している。冬の葉色がきれいなので、ウインターオーバーシーディングにも利用される。
	イチゴツナギ属 *Poa*	ケンタッキーブルーグラス （ナガハグサ） *P. pratensis*	最も一般的な西洋シバで、青みがかった葉色が特徴。世界で広く栽培され、競技場での利用も多い。代表的な牧草でもある。初期成長は遅いが、地下茎が伸びてふえ、踏圧に強い。日光、水、肥料を多く必要とする。

暖地型シバ（夏型シバ）とその特徴

分類		種名（和名）	特性
イネ科 スズメガヤ亜科	ギョウギシバ属 *Cynodon*	バミューダグラス （ギョウギシバ） *C. dactylon*	世界の暖地で最も重要なシバで、暑さや乾燥、踏圧やすり切れに非常に強い。ほふく茎がよく発達して繁殖力もおう盛。質のよいことで知られるティフトンシバは改良品種。以前は苗から育てる品種だけだったが、最近はタネから育てる品種が育成されている。ウインターオーバーシーディングのベースの芝生としても向いている。
	シバ属 *Zoysia*	ノシバ（シバ） *Z. japonica*	日本シバの一つで、北海道南部から沖縄まで広く自生している。暖地型シバのなかでは寒さに最も強く、コウライシバと同様にポピュラーに利用される。葉幅が広く、粗い感じはあるが、土壌をあまり選ばず、比較的管理が容易。最近ではさまざまな改良種が開発され、タネからできるものもある。
		コウライシバ （コウシュンシバ） *Z. matrella*	日本シバの一つで、東北地方以南の個人庭園や公園で最もポピュラーに利用されている。地上や地下にほふく茎があり、きめ細かく、美しい芝生をつくる。高温や乾燥に強く、土質をあまり選ばず、潮害や病害虫にも強い。また、葉の伸びが遅いことも利点。小型のヒメコウライシバや、細葉、中葉などの葉の広さの異なるものもある。
イネ科 キビ亜科	イヌシバ属 *Stenotaphrum*	セントオーガスチングラス（イヌシバ） *S. secundatum*	熱帯・亜熱帯地域の代表的なシバで、主に九州・沖縄地方の公園や海岸近くで利用される。ほふく茎がよく発達し、成長が早い。シバのなかでは葉幅が最も広く、見た目は粗い。雑草や日陰に強く、耐塩性にも優れている。
	ムカデシバ属 *Eremochloa*	センチピードグラス （ムカデシバ） *E. ophiuroides*	初期の成長は遅いが、病気に強く、乾燥と過湿の両方に耐え、雑草も生えにくい。最近は水田のあぜのグラウンドカバーや法面《のりめん》の保護用としても注目されている。タネから育てることができる。

シバの選び方

先に述べたように、シバには性質の異なるさまざまな種類があります。また、日本の国土は南北に長いため、北海道と沖縄とでは、気候がまったく異なります。したがって、これから芝生をつくってみたいと考えているなら、住んでいる地域の気候に合った種類や品種を選ぶことが最も大切です。さらに、庭の日当たり具合や土壌の性質、使用目的や手入れに割ける時間などもシバの種類を選択するときには重要です。

●気温による選択

25ページの図は、日本を気温をベースとした暖かさの指数（温量指数）で6つのゾーンに区分したものです。26ページの表「代表的なシバの利用適応地域」と照らし合わせると、お住まいの地域にはどのシバが合うのかをおおよそつかむことができます。

北海道～東北地方北部　①から②のゾーンは、ケンタッキーブルーグラスに代表される寒地型シバの適地です。

東北地方南部　③のゾーンで、寒地型、暖地型どちらも使えますが、どちらかというと寒地型シバの適地といえます。

関東地方など　④のゾーンは、寒地型にとっては夏が暑く、暖地型にとっても冬がやや寒いという、選択に困る地域です。冬は緑色でなくて

シバの植栽ゾーン図（北村、浅野）

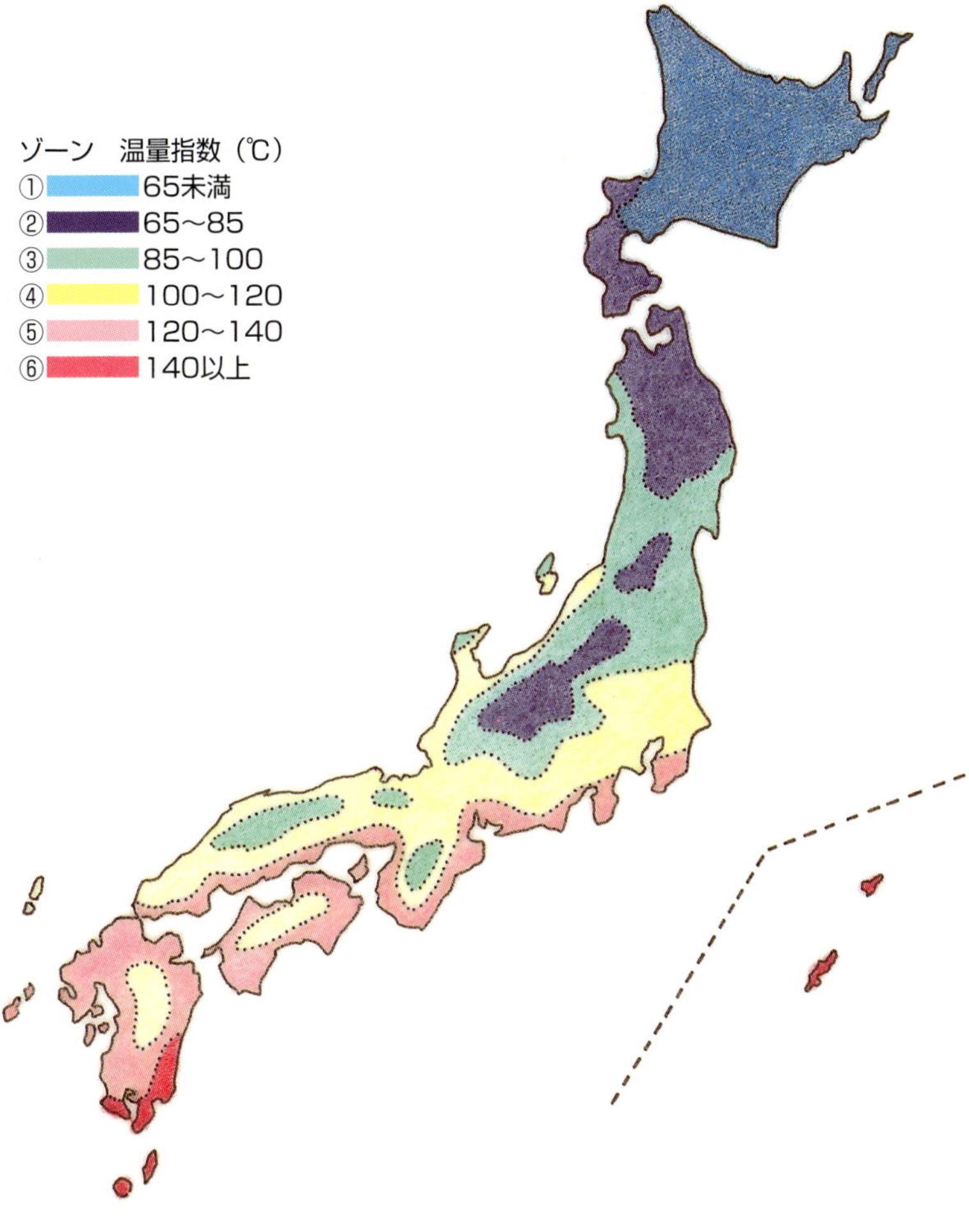

温量指数＝1年間の月平均気温が5℃以上の月について、
5℃を超えた温度を積算した数字。

代表的なシバの利用適応地域

	草種	植栽ゾーン					
		①	②	③	④	⑤	⑥
寒冷地型シバ	ケンタッキーブルーグラス	◎	◎	◎	○	△	
	ベントグラス	◎	◎	◎	○	△	△
	トールフェスク	◎	◎	◎	◎	○	△
	細葉フェスク類	◎	◎	○	△	△	
	ライグラス類	○	◎	◎	○	△	△
暖地型シバ	ノシバ		○	◎	◎	◎	◎
	コウライシバ			○	◎	◎	◎
	バミューダグラス			△	◎	◎	◎
	センチピードグラス			△	◎	◎	◎
	セントオーガスチングラス				△	◎	◎

◎：最適　○：適　△：場所・利用目的によっては可

代表的なシバの特性

種名	耐寒性	耐暑性	耐陰性	耐旱性	耐湿性
バミューダグラス	△	●	×	●	●
ノシバ	○	●	◎	●	○
コウライシバ	△	●	◎	●	○
セントオーガスチングラス	×	●	●	△	○
センチピードグラス	△	●	○	◎	◎
クリーピングベントグラス	●	○	◎	×	●
トールフェスク	○	◎	◎	◎	○
クリーピングレッドフェスク	○	△	●	◎	×
チューイングフェスク	○	△	●	◎	×
ハードフェスク	○	○	●	◎	×
アニュアルライグラス	△	×	○	×	△
ペレニアルライグラス	△	△	○	△	△
ケンタッキーブルーグラス	◎	○	×	○	○

●極強 、◎強、○中、△弱、×極弱　※耐旱性=土壌の乾燥に強い性質

もよいというのであれば、コウライシバが最も使いやすいシバといえるでしょう。

東海〜九州、沖縄地方　⑤から⑥の地域で、夏の気温が高いので、寒地型シバを一年中良好な状態で維持するのは困難です。暖地型のシバを選択し、冬に緑が欲しければオーバーシーディング（120ページ参照）を行いましょう。

●日照や土壌などによる選択

26ページの表「代表的なシバの特性」には、耐寒性や耐暑性のほかに、日陰に対する強さの耐陰性、土壌の乾燥に対する強さの耐旱性や反対に過湿に対する強さの耐湿性も示してあります。気候条件とあわせて、シバを選ぶときの参考にしてください。

あまり手間をかけたくない場合　寒冷地では、ケンタッキーブルーグラスかそれを主体とした混合種をおすすめします。丈夫でしっかり根を張り、すり切れなどの回復力に優れています。また、生育が比較的遅いので、刈り込み回数も少なくてすみます。

暖地では、やはりコウライシバがおすすめです。高温、乾燥、病害虫に強く、生育が遅いので刈り込み回数も少なくてすみます。

不良環境の場合　トールフェスクは、シバ質は粗いのですが、暑さや寒さ、土壌の乾燥に強く、やせ地でも生育します。また、日陰にも比較的強いシバです。

家庭用に適するシバの利用例

地域区分	管理レベル／刈り高／土壌条件 高／20～30㎜／良好 草種名	割合（%）	中～低／30～50㎜／中～やや不良 草種名	割合（%）
①～②寒高冷地	ケンタッキーブルーグラス ペレニアルライグラス チューイングフェスク	70 10 20 20～30g／㎡	ケンタッキーブルーグラス トールフェスク ペレニアルライグラス チューイングフェスク	30 50 10 10 30～40g／㎡
③温暖地	ケンタッキーブルーグラス ペレニアルライグラス チューイングフェスク	70 15 15 20～30g／㎡	ケンタッキーブルーグラス トールフェスク ペレニアルライグラス	30 60 10 35～45g／㎡
④暖地	ケンタッキーブルーグラス トールフェスク ペレニアルライグラス	60 30 10 30～40g／㎡	コウライシバ	100
	コウライシバまたはバミューダグラス ※必要に応じてライグラスのウインターオーバーシーディングを実施	100		
⑤～⑥沖縄、西南暖地	コウライシバまたはバミューダグラス ※必要に応じてライグラスのウインターオーバーシーディングを実施	100	コウライシバまたはバミューダグラス	100

※家庭向きシバの標準的な例で、絶対的なものではありません。混播比率は多少変わってもかまいません

※バミューダグラスの種子系品種を使用する場合の播種量は10～20ｇ／㎡

芝生づくり

芝生をつくるための苗の張りつけ方やタネのまき方、
そして芝生を維持するために最も重要で頻繁に行わなければならない
シバ刈りの方法を紹介します。

芝生の道具

毎年、土づくりから始める草花や野菜と異なり、通常、一度植え込んだら土を掘り返さず、地表面付近の作業だけを行うのが芝生管理の大きな特徴です。年間を通して必ず行う基本的な管理作業に刈り込み、施肥、除草が、また必要に応じて適宜行う作業に水やり、サッチかき、目土がけ、エアレーションなどがあります。こうした作業には、芝刈り機をはじめ、芝生バリカン、ローンスパイク、ローンカッターなど、芝生栽培に特有の道具も使用されます。

●芝生栽培の必需品、芝刈り機

芝生栽培に特有の作業のなかで、最も頻繁に行わなければならない刈り込みには、芝刈り機が必要です。芝刈り機には、人力による手押し式とモーターのついた電動式とがあります。手押し式はそれなりの労力を要しますし、電動式は便利ですが騒音の問題があります。

また、刈り刃の構造によってリール式、ロータリー式などがあります。リール式はやや精密な短めの刈り込みに適し、ロータリー式は比較的長く伸びたシバのラフな刈り込みに適しています。どちらの方式でも、刈り幅が30㎝程度あるものが作業上効率よく便利です。また、刈り高調整が可能なものを選択しましょう。

シバ張りとタネまきの道具

シバ苗の張りつけや西洋シバのタネまきなど、芝生づくりに使用する道具です。面積や土壌改良などの程度によって必要な道具が変わります。

①**大型ふるい**／スタンドの上面のローラーで転がしながら土をふるう。目土づくりにあると便利。　②**ふるい**／目土を芝生にまんべんなくまくときに使用。　③**剣型ショベル**／整地のために土を掘り起こすときに使用。　④**角形ショベル**／土を移したりするときに使用。　⑤**トンボ**／整地で地面を平らにしたり、目土をすり込むときに使用。　⑥**レーキ**／整地やタネまき時の筋つけに。ひっくり返して、背で地面を平らにしたり、目土をすり込んだりもできる。　⑦**散水ホース**／シバ張りやタネまきのあとの水やりに使用。水を大量に与えるので、ジョウロでは間に合わない。

シバ刈りの道具

芝生の管理で最も重要な作業、刈り込みに必要な道具です。芝刈り機のほかに、狭い場所や際用には芝生バリカンや芝生バサミが必要です。

①電動ロータリー芝刈り機／パワフルにすばやく刈れる。電動式は騒音が難点。　**②手押し式リール芝刈り機**／手押し式なら騒音の心配もない。刈り込み前に、刃のすり合わせ調整をきちんと行う。　**③芝生バリカン**／狭い場所や際を刈るときに使用する。　**④刈り込みバサミ**／際を刈るときに使用。芝生用は刃と柄の角度が大きくなっている。　**⑤芝生バサミ**／際を刈るときなどに使用。小型で扱いやすい。　**⑥屋外用延長コード**／芝生内で電動の芝刈り機などを使用するときの必需品。

シバを育てる道具

水やり、施肥、病害虫の防除など芝生の日常的な手入れや、サッチかき、エアレーション、エッジ切りなど特別な作業に必要な道具です。

①**散水ホース**／夏の干ばつ時などの芝生への水やりに。　②**散粒機**／粒状の化成肥料を芝生に均一にまくためにあると便利。　③**噴霧器**／病害虫の防除のための薬剤や、雑草駆除のための除草剤を散布するときに。　④**ふるい**／目土を芝生に均等にまくときに。　⑤**小ガマ**／雑草取りに使用。　⑥**除草ホーク**／根ごと抜きにくい雑草に。　⑦**ローンカッター**／エッジ切りで芝生の縁を切りそろえるのに使用。　⑧**ローンパンチ**／エアレーション作業のときに芝生に穴をあけるのに使用。　⑨**ローンレーキ**／バネ材でできていて、サッチかきなどのときにも芝生を傷つけにくい。

シバ張り

コウライシバやノシバなどの日本シバは、苗を張りつけて芝生をつくります。

●適期

シバの張りつけ時期は、サクラの開花期を基準に考えるとよいでしょう。園芸店では、3月からシバ苗が販売されています。関東地方以西では、3月中旬から6月中旬に張れば秋までにきれいな芝生ができます。ただし、5月以降は乾燥するため、根が定着するまで乾かないよう頻繁な水やりが必要です。また、東北地方や高冷地では、4月下旬以降が適期です。

秋の張りつけは、関東地方以西では9月下旬まで、東北地方や高冷地では9月上旬まで可能です。ただし、目地が埋まる前に寒くなるので、翌年の春以降にならなければきれいな芝生になりません。また、作業が遅れると寒さのためシバの根が十分定着せず、冬にシバが霜柱に持ち上げられたり、風ではがされたり、乾燥による障害を受けます。できれば、張りつけは適期の春に行うようにしましょう。

●シバ苗の入手

シバ苗が販売される時期は、春は3月中旬から6月、秋は9月です。これ以外の時期には入手できない場合があります。まず、シバの張りつけ前に、シバ苗が販売されていることを園芸店に確認してください。

シバ苗は、根に土がついた状態で長方形

（35×25㎝）に切り、10枚を1束にしたものが売られています。1束は約1㎡あります。3.3㎡当たり市松張り、目地張りで2束、条張りで3束、平（ベタ）張りで4束必要です。

健全なシバ苗は、葉が緑色で、根に湿った土が付着しています。シバ苗は山積みにして販売されていることが多く、なかには、乾燥して葉が針のように丸まっているものや、蒸れて葉が黄化しているものがあります。

特に葉が針のように丸まって黒ずみ、根に付着した土まで乾燥しているシバ苗は、枯れている場合があるので注意してください。シバ苗は、健全なものを選びましょう。

シバ苗は、ソッドと呼ばれる板状の苗が、10枚1束になって市販されている

右はよい苗、中央と左はよくない苗。中央は乾燥して、葉が針のように丸まっている。左は長期間重ねられていたために、蒸れて葉が黄色っぽくなっている

●張り床の準備

雑草除去　まず、シバを張る場所の雑草を取り除きます。特にチガヤ、ハマスゲ、スギナなどの雑草は、地上部だけを取り除いても地下茎や根は生きていて、シバ張り後に芝生のすき間から出てきます。地面を掘り起こし、地下茎や根を取り除きます。地面が硬いところでは、根まで枯らすことのできる非選択性除草剤を雑草の茎葉部に散布し、枯らしてから取り除くとよいでしょう。

整地　地面をレーキなどで深さ3～5㎝程度耕し、平らにします。このとき、土の塊や石ころ、あるいは雑草の根を取り除きます。地面があまりにも硬い場合、あるいは凹凸が激しい場合、砂を3～5㎝敷いて平らにします。敷くのは火山灰土もよいのですが、黒ボク土と呼ばれる火山灰土には雑草の種子が多く混入している場合

整地

❶ 雑草をよく取り除いたら、レーキなどで深さ3～5cm耕す。土の塊や小石も取り除く

❷ 地面が固かったり、凹凸が激しいときなどは、砂などを敷いて平らにする

があるので注意してください。また、粘土の塊が多く含まれているものは使わないようにします。

土壌が粘土質で多湿気味の場合は、水はけをよくするため適量の洗い砂、あるいは土壌改良資材（81ページ参照）を混ぜます。

排水対策 排水は、原則として表面排水（余分な水は芝生表面を流れて排水される）とします。土を敷いたり、削ったりして、排水桝や排水溝に向かって1～2％（1mで1～2㎝低くなる）程度のゆるやかな傾斜をとります。いったんシバを張ってしまうと、凹凸を補正するには大変な時間と労力を要します。庭の大小にかかわらず、表面の水の流れを十分考慮して整地を行います。

排水対策

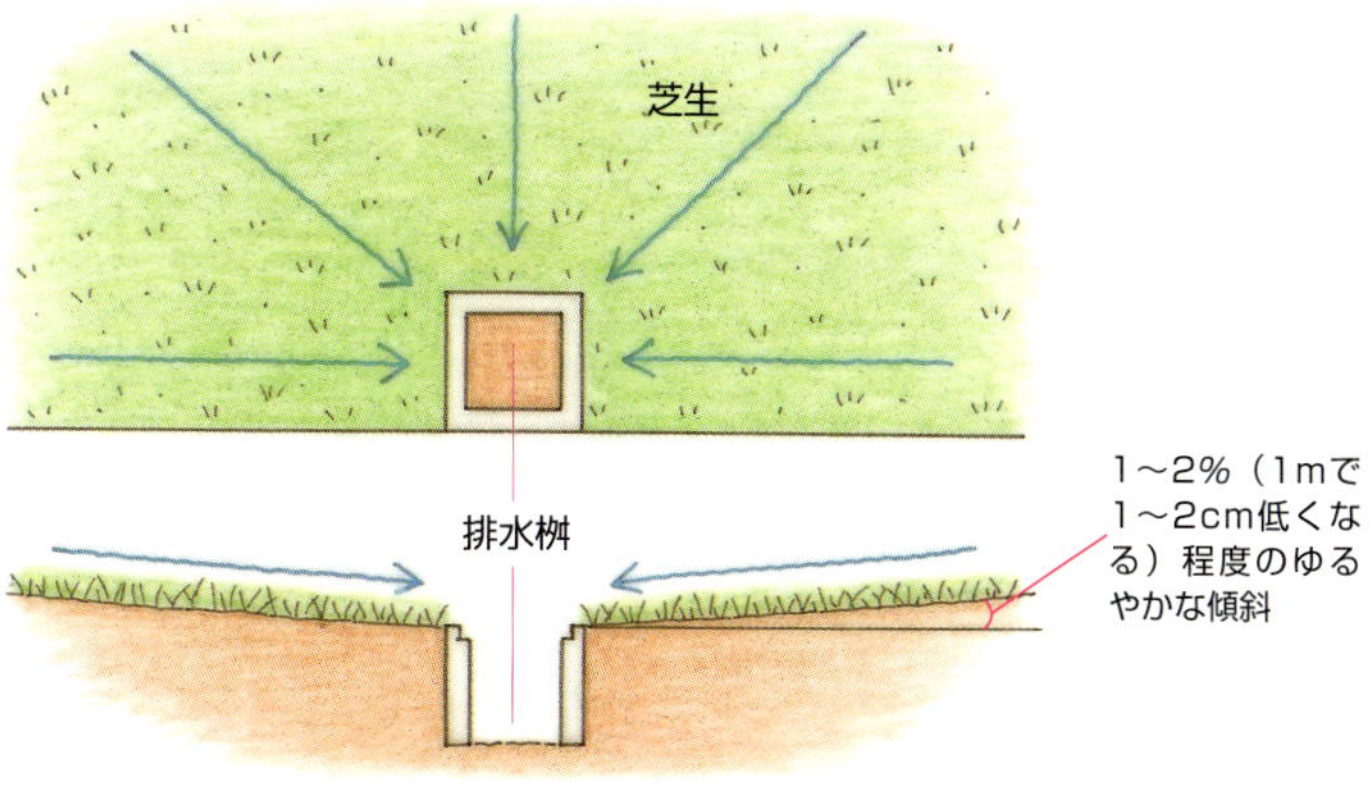

排水桝や排水溝に向かってゆるやかな傾斜をとり、余分な水が芝生の表面を流れて排水されるようにする

●シバの張り方

シバを張る部分にひもを張ると、まっすぐに植えつけることができます。また、芝生以外の部分との境界を美しく仕上げることができます。

シバの張り方には次のようなものがあります。

市松張り（いちまつばり）　1枚おきに市松模様に張ります。4月に張れば10月までには全面埋まります。

目地張り（めじばり）　シバに3～5㎝のすき間をあけてレンガ積み模様にします。4月に張れば8月までに全面が埋まります。

条張り（すじばり）　5～10㎝幅にシバを切り、5㎝程度のすき間をあけてシバを張ります。4月に張れば10月までには全面埋まります。

平張り（ひらばり）　すき間なく全面に張ります。ベタ張り、詰め張りともいいます。

芝生にすき間があると、目土や床土が雨で流

条張り

市松張り

平（ベタ）張り

目地張り

されたり、雑草が発生します。できれば平張りをおすすめします。

縁石部分などの曲線部分は、包丁やローンカッターを用いてシバを整形して張ります。

目土と水やり

シバを張ったら、目地（苗と苗の間のすき間）を埋め、またシバに適度な水分を維持させるために目土をします。目土の量は、水やり後、シバの葉が見える程度です。目土を行ったあとは、足で踏んで鎮圧し、それから水やりします。目土が流れない程度にたっぷり水やりし、水がいったんしみ込んだら再び水やりして、水浸しになるくらいまで繰り返します。

土がほとんどついていない、薄いシバ苗の場合は、シバ張り後、目土をシバ面全体にかけ、レーキで平らにならしたあと、水やりによって目土をシバの根や茎の間に落として葉を出してあげます。

よくない張り方

平張りや目地張りにするときは、継ぎ目が十文字になるように並べるのではなく、レンガ積み模様になるように並べるのが正しいやり方。そのほうが接する苗が多くなるので、地下茎やほふく茎が伸びて互いに絡み合い、苗どうしがより強く結びつく

張りつけ後の管理

シバが根を出し地面に定着するまでの約1か月間が養成期間です。その間、シバが乾かないように頻繁に水やりをします。また、植えつけ1週間後に化成肥料（N-P-K＝10-10-10）などを1㎡当たり40g程度施します。

シバの張りつけ（平張り）

シバを張る部分にひもを張り、ひもに沿って端から順に苗を並べていく

レンガ積み模様になるように、すき間なく並べる

コーナーや縁石などの部分は、苗を置いてから余分な部分を包丁などで切り除くようにすると、すき間なく埋めることができる

張り終わったら、継ぎ目のすき間に目土を入れて埋める

目土を全体に入れた状態。さらに全体に薄く目土をかけることもある

苗と地面とが密着するように、端から順に足でよく踏む

最後に、水浸しになるくらいたっぷりと水を与える

西洋シバのタネまき

ケンタッキーブルーグラスなどの西洋シバは、タネをまいて芝生をつくります。

●適期

関東地方以西の地域では秋まきにし、8月下旬から10月までがタネまきの適期です。春まきも4月中旬から5月下旬に可能ですが、夏越しが難しいので、家庭の庭では秋まきをおすすめします。

東北地方以北の地域では、5月から8月が適期です。

●タネの入手

園芸店などでは、一般に何種類かの西洋シバのタネを混ぜた混合種子が売られています。単一の品種を入手するには園芸店や種苗会社（127ページ参照）に注文します。

●まき床の準備

整地や排水対策はシバ張りの方法（36〜37ページ）に準じます。タネから育て上げて芝生をつくるので、シバ張り以上に雑草の侵入が障害になります。除草はよりしっかり行っておくことが大切です。

ケンタッキーブルーグラスのタネ

また、西洋シバは、水はけ不良による過湿に弱い性質があります。粘土質の土壌の場合は、必ず洗い砂や土壌改良資材を混和して土壌改良します。洗い砂でまき床を造成した場合、地表面2～3cmに砂と同量の土壌改良資材を混合すると、タネの発芽と初期成長が促進されます。

●タネのまき方

タネをまく前に、レーキで地表面を引っかき、深さ約1cmの溝を切ります。

まくタネの量は、1㎡当たりライグラスやフェスクで20～50g、ケンタッキーブルーグラスで10～30gです。混合種子は説明書に従います。

再びレーキで直角方向に引っかき、まいたタネに砂がかぶるようにします。レーキを使わず、タネをまいたあとに砂や土で覆土してもかまいません。ポイントは、タネが砂や土で厚さ3～5mm程度覆われることです。

覆土したら、水を通す不織布などで覆います。地表面の保温、保湿のほか、雨によってタネが流れ出したり、鳥などによる食害の防止にもなり、発芽を安定させるうえで非常に有効です。端は10cm程度の間隔で竹串やつまようじをさして留めておきます。

むらなくタネをまく方法

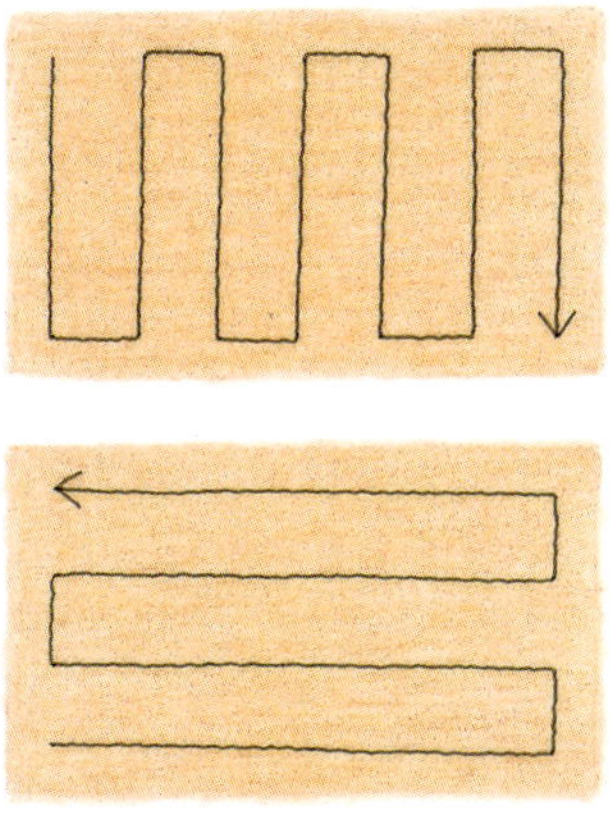

タネは少量ずつ、方向を変えて2往復ぐらいしてまくようにすると、むらができにくい

タネまき

整地を終えたところに、砂を厚さ2～3cmになるように敷き、平らにならす

レーキで地表面を軽く引っかき、全面に深さ約1cmの溝を切る

できるだけ均等にタネを全面にまく

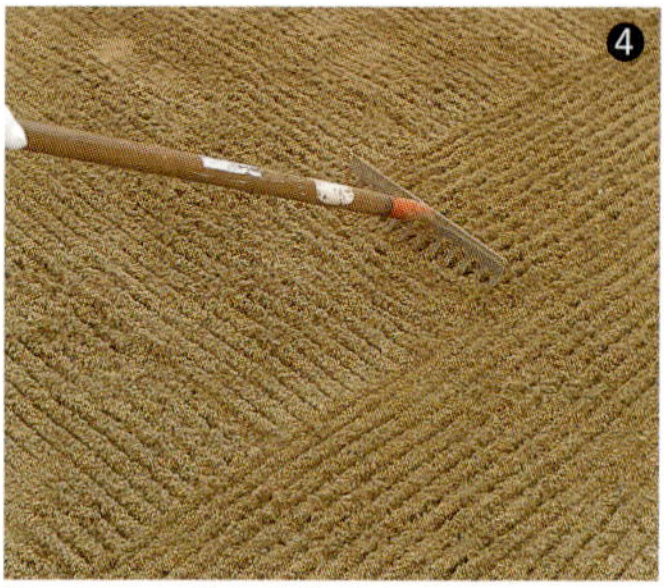

先に切った溝と直角方向に再びレーキで引っかき、まいたタネに砂をかぶせる

保温、保湿などのために、園芸用の不織布で全面を覆う

一時的に不織布と地面がくっついて黒く見えるくらいたっぷり水を与える

●タネまき後の管理

タネをまいたあとは十分に水やりします。発芽するまでの2週間程度は、表面が乾かないように毎日水やりをします。特に、晴れた日は1日に2～3回水やりをします。不織布などのカバーをかけている場合、発芽後、苗が1㎝程度に伸びたら外します。発芽したシバが2～3㎝になるまではまき床に入らないようにします。

シバが5㎝まで伸びたら、刈り高3㎝で1回目の刈り込みを行い、化成肥料（N-P-K＝10-10-10）などを1㎡当たり30ｇ程度施します。

その後は、1か月に1回の頻度で12月上旬まで、同様の肥料を1㎡当たり30ｇ程度施します。刈り込みは、刈り高を3㎝とし、シバが5㎝まで伸びたら随時行います。

発芽後まもない苗は、立ち枯れを起こす場合があります。このような症状が発生したら、殺菌剤のベノミル水和剤を散布します。

見事に生えそろった西洋シバ（ベントグラス）。発芽後20日くらいの様子

シバ刈り

コウライシバなど日本シバの場合は5月から10月の間、西洋シバの場合は3月から11月の間、月1～3回、成長具合に応じて刈り込みます。生育おう盛な、日本シバなら夏の時期、西洋シバなら春と秋は、できれば週1回の刈り込みが理想的です。頻繁に刈り込むことによって密な芝生を形成し、短時間にシバ面を美しく仕上げることができます。

刈り高は、3～5㎝のやや高めにすることをおすすめします。高めに刈ることで根の伸長が促され、その結果、踏みつけに対する抵抗性や夏の干害に対する抵抗性が増します。また、雑草も生えにくくなります。

シバ刈りには、芝生専用の芝刈り機を用います。手押し式芝刈り機は労力を要します。騒音が少し気になりますが、電動芝刈り機が便利で

左上から、電動リール芝刈り機、手押し式リール芝刈り機、芝生バリカン、芝生バサミ

す。刈り幅は、30㎝程度あるものが作業上効率よく便利です。芝刈り機には刈り高調整機能がありますが、刈り高が3㎝以上まで調整可能なものを選択しましょう。また、タイヤの大きさもポイントで、大きいタイヤは芝生面の抵抗を受けにくいため、取り回しが楽です。縁石や飛び石のまわりの刈り込みには、芝刈りバサミや芝生バリカンが便利です。

リール式芝刈り機の刃のすり合わせ調整例

リール式の芝刈り機は、固定刃とリール刃がすり合ってシバを刈り取る。よい切れ味を出すためには、刃のすき間、つまりすり合わせを調整する必要がある

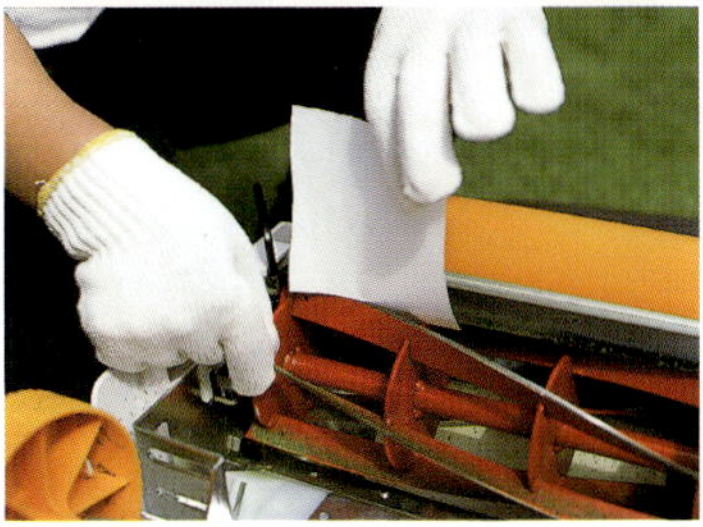

固定刃の両端にある刃調節ネジを付属のレンチで少しずつ回して、すき間を微調整する。両端とも行い、刃のすき間が左右均等になるようにする（上）
紙を挟んでリール刃をゆっくり回転させたときに紙がよく切れたらOK。刃で手を切らないように注意（下）

刈り込みにあたっては、事前に芝生上の石などを取り除き、芝生が乾いた状態で行う。また、電気コードを巻き込まないように注意して行う

刈り高の設定例

上面にある刈り高調整ツマミを、刈りたい高さの目盛りに合わせる。市販の芝刈り機は最高でも3cmまでのものが多い

上は刈り高を最も低くしたとき、下は最も高くしたときで、タイヤの位置で本体の高さを調節している。普通は最も高く設定しておく

きれいに刈りそろえられたケンタッキーブルーグラスの芝生。刈り込みを怠らなければ、このような密で美しい芝生をつくることも夢ではない

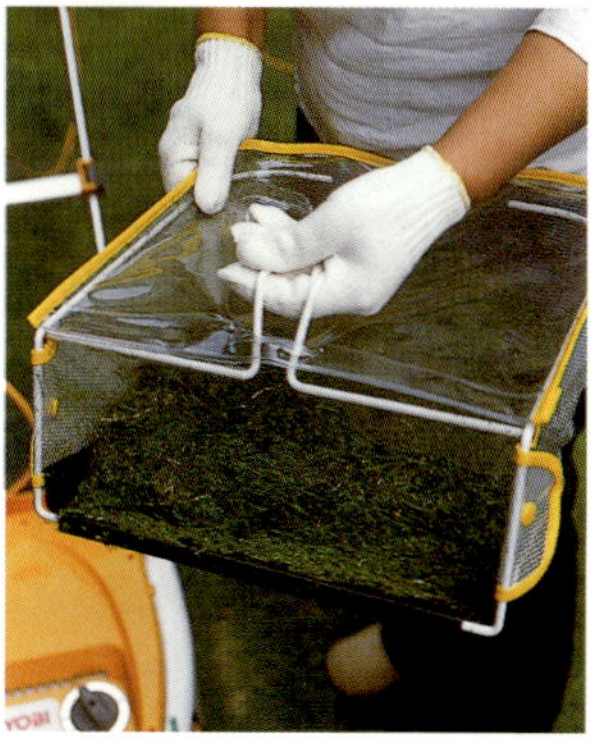

芝刈り機のバスケットにたまった刈りかすは、燃えるゴミとして処分する。堆肥の材料にも利用できる。バスケットをつけずに刈り込みを行った場合、刈りかすが大量のときはレーキでかき集めるなどして回収するが、少量ならそのまま放置してもかまわない

狭い場所や縁部の刈り込み方

芝刈り機が入らないような狭い場所、縁石や飛び石まわり、建物の際などは、小回りの利く芝生バリカンや芝刈りバサミで、適宜、刈り込みます。

ウッドデッキの基礎まわり。芝刈り機が入らないので、シバが伸び放題になり見苦しい

芝生バリカンは刃面と芝生面とを平行に保って刈る。刃にガードがない機種は、基礎などに刃を接触させないように注意

芝生バサミの場合も、刃面と芝生面とを平行に保って刈る

刈り終えた状態。つい短く刈ってしまいがちなので、刈り高に注意する

エッジ切り

建物の基礎や縁石などとの境目（エッジ）部分の処理は、芝生の見た目の美しさを大きく左右します。

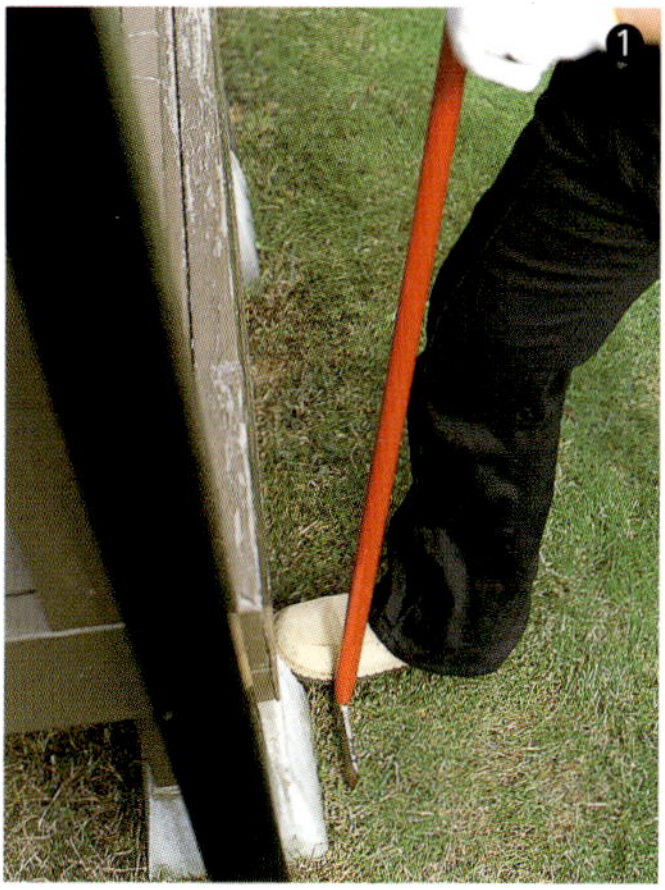

ウッドデッキの基礎まわりでは、基礎から3cmほど離してターフカッターで芝生を切る

芝生をはがしたら、元の地面と同じ高さになるように新しい土を補充しておく

シバが覆ってしまった縁石では、まず縁石に沿って少しすき間をあけてターフカッターで芝生を切り、取り除く。縁石と芝生の間にできた溝には、縁石と同じ高さまで土を補充しておく

栽培を始める前に

欧米では、芝生は古くから生活に密着してきました。アメリカのホームドラマなどには、日曜日に父親が庭のシバを刈る光景がよく出てきます。庭だけでなく、道路や学校などいたるところで芝生が使われ、しかもよく手入れされています。

日本でも、庭に芝生を植えることが多くなりましたが、残念なことに、ただ張ってあるだけで、手入れをして育てるという意識はあまりないようです。シバ刈りが必要なことは知っていても、芝生に肥料を施したり、ときどきは目土を入れたりしてリフレッシュを図ってやる必要があることなどは知らない方が多いのではないでしょうか。

この章では、1年間の芝生の管理・作業を月ごとに、日本シバの代表であるコウライシバと寒地型の西洋シバに分けて紹介します。それに従って手入れをすれば、きっと見違えるようなきめ細かく美しい芝生に変身することでしょう。

JBP-M.Fukuda

コウライシバの年間の管理・作業暦

（関東地方以西基準）

月	1月	2月	3月	4月	5月	6月	7月	8月	9月	10月	11月	12月
生育状況	休眠期		生育期				生育最盛期		生育期		休眠期	
刈り込み					月1～2回		月2～3回		月1～2回			
水やり						乾きすぎるようなら適宜行う						
肥料				月1回20g	月1回30g				（1㎡当たりの化成肥料の量）			
病害虫の防除					カーブラリア葉枯病、葉腐病など		スジキリヨトウ、シバツトガ、コガネムシ、シバオサゾウムシ		カーブラリア葉枯病、葉腐病など			
主な作業			シバ張り、張り替え・補修				更新作業（エアレーション、サッチかき）					

寒地型西洋シバの年間の管理・作業暦

（関東地方以西基準）

月	1月	2月	3月	4月	5月	6月	7月	8月	9月	10月	11月	12月
生育状況	生育停滞期		生育期			生育停滞期				生育期		生育停滞期
刈り込み			月1回	月3～4回			月2回	月1回	月2～3回			
水やり						乾きすぎるようなら適宜行う						
肥料（1㎡当たりの化成肥料の量）			月1回20g		月1回30g				月1回20g	月1回30g		月1回20g
病害虫の防除						葉腐病、ダラースポット病など シバツトガ、スジキリヨトウなど						
主な作業			タネまき		トランジション				タネまき 補修 ウインターオーバーシーディング			

1月

厳しい寒さで、コウライシバは休眠していますし、寒地型西洋シバも生育を休止しています。そのため、特別急ぎの作業はないのですが、芝生に冬雑草が生えていたら、今のうちに草取りをして抜き取っておきましょう。

SEKAI BUNKA PHOTO

葉が完全に枯れ、休眠中のコウライシバ

1月の芝生

今月下旬の大寒からは1年で最も気温が低くなる時期で、温暖な気候を好む暖地型のコウライシバには厳しい季節です。葉は完全に白っぽく枯れ上がりますが、地表や地中を這っているほふく茎やそこについた芽は生きていて、休眠状態で冬を越します。

一方、寒地型西洋シバは緑色を保っていますが、霜や寒風に当たって、葉色がくすんだ鈍い色になってきます。寒さには強い寒地型西洋シバですが、乾いた寒風には注意しましょう。

コウライシバ

●コウライシバの主な作業

刈り込み　行いません。

草取り　枯れたコウライシバの葉のなかで、緑色の葉をつけた雑草はよく目立ちます。大きくなる前に、抜いておきましょう。

シバ踏み　火山灰土のところでは、夏の生育が不十分だと霜柱で芝生が持ち上げられてしまうことがあります。そのような場所では、シバ踏みをしてよく踏み固めておくことが必要です。

落ち葉拾い　木々の落ち葉はシバの生育にはよくないので、早めに取り除いておきましょう。

●コウライシバの管理

水やり　必要ありません。

肥料　施しません。

病害虫の防除　必要ありません。

寒地型西洋シバ

●寒地型西洋シバの主な作業

刈り込み　行いません。

保温　夜間、不織布などをかぶせて霜よけをしてやると、葉色が悪くなるのを防ぐ効果があります。ただし、日中は外しておきます。

シバ踏み　タネまきが遅かったため、まだ十分に根が張っていない西洋シバが、霜柱で持ち上げられてしまうことがあります。乾いてしまう前に、表面に薄く目土をしてから軽く踏んでおきます。

●寒地型西洋シバの管理

水やり　乾燥が続くようなら与えます。

肥料　施しません。

病害虫の防除　必要ありません。

冬の雑草図鑑

芝生でよく見られる雑草はおよそ70種程度といわれています。これらの雑草は、秋から翌年の初夏にかけての冷涼期に生育する「冬雑草」と、春から夏の高温期を中心に生育する「夏雑草」に大別できます。

雑草防除の有効な対策を立てるには、まず侵入してくる雑草をよく知ることが肝要です。ここでは代表的な冬雑草を58～61ページで、夏雑草を93～97ページで紹介します。

Y.Asano

オオイヌノフグリ（ゴマノハグサ科）
ヨーロッパ原産の一年生の帰化植物で、早春に咲かせるルリ色の花は美しい。秋に芽生え、株元で枝分かれして這うように広がるが、夏には枯れる

ウラジロチチコグサ（キク科）
南アメリカ原産の越年生の帰化植物。葉裏に白い綿毛が密生する。種子休眠がほとんどないため、条件がよければ直ちに発生する。大型のロゼットを形成し、刈り込みに強い

Y.Asano

オランダミミナグサ（ナデシコ科）
ヨーロッパ原産の一年生の帰化植物。秋に芽生え、株元で枝分かれして広がり、春に小さな白い花を咲かせる。刈り込みによって弱り、なくなる

Y.Asano

オオアレチノギク（キク科）
南アメリカ原産の一年生の帰化植物で、冠毛のある小さなタネが風に乗って広がる。秋に芽生え、ロゼットで冬を越し、春から夏に茎が急に伸びる。刈り込みで弱り、なくなる

Y.Asano

スズメノカタビラ（イネ科）
芝生の代表的な冬雑草。一年草で、主に秋に発生し、2～6月ごろに穂を出して花を咲かせる。湿り気のある場所に多く、刈り込みにも負けずにはびこる

Y.Asano

カラスノエンドウ（マメ科）
秋に芽生え、翌年に根元で枝分かれして這うように広がる。茎は四角く、葉の先は巻きひげになる。4～5月に、葉のわきに紅紫色のきれいな蝶形花を咲かせる

Y.Asano

ツメクサ（ナデシコ科）
秋に芽生え、春から夏に白く小さな花を咲かせる一年草。小型の雑草で、群がるように生える。タネの発芽に光が必要なので、高刈りにして地表面を暗くすると生えにくい

セイヨウタンポポ（キク科）
ヨーロッパ原産の多年生の帰化植物。ほぼ一年中生育し、春以外にも花を咲かせる。太くて長い直根があり、残ると再生するので、根ごと完全に抜き取る

Y.Asano

ノゲシ（キク科）
秋に芽生え、地際から出る葉は切れ込みが深く、地面を広く覆う。春に茎を急に伸ばし、初夏にかけてタンポポ状の黄色い花をたくさんつける。刈り込みで弱り、なくなる

Y.Asano

ナズナ（アブラナ科）
春の七草の一つ。ペンペングサの別名は、実が三味線のばちの形に似ているから。一年草で、秋に芽生え、ロゼットで冬越しする。早春に茎を伸ばし、白い花を咲かせる

ハルジオン（キク科）
北アメリカ原産の多年生、または一年生の帰化植物。春にコギクのような花を咲かせる。秋に芽を出し、ロゼットで冬越しする。タネと地中に伸びる根でふえる

Y.Asano

ハコベ（ナデシコ科）
春の七草の一つ。秋から春にかけて発生する一年草で、株元で枝分かれして群がるように生える。春には小さな白い花を咲かせる。タネでおう盛にふえる

アレロパシー

芝生で見られる雑草は約70種程度といわれています。この数は、畑などに比べるとかなり少なく、シバ自身がある程度、雑草の侵入を抑えているのだと考えられます。

帰化植物のセイタカアワダチソウでよく知られた現象ですが、植物がなんらかの化学物質を出して、まわりの生物の生育に影響を与える現象を「アレロパシー」といいます。じつは、シバも茎葉や根、枯れ葉からいくつかのフェノール類、脂肪酸などの生育阻害物質を分泌して、ほかの植物の発芽や生育を抑制しているのです。センチピードグラスはアレロパシーが特に強く見られ、その芝生にはほとんど雑草が侵入しません。

同じ種類のシバでも、品種によってアレロパシーの強さが異なります。今後は雑草抑制力の強い品種の育成も活発になると思われます。

2 月

成長が止まっているので、今月もコウライシバ、西洋シバともに、とりたてて必要な作業はありません。冬雑草の草取りが最も大切な作業です。3月になると雑草も成長を始めるので、今のうちに抜き取ってしまいましょう。

オーバーシーディングした芝生は冬でも緑を保つ

2月の芝生

上旬は、1月に引き続き、厳しい寒さですが、立春を過ぎると次第に日ざしが明るさを増し、寒さも和らいできます。

コウライシバの芝生は冬枯れの状態です。この時期は、生育期にははっきり見えなかったシバ面の微妙な起伏がわかります。凹凸の状態を記憶にとどめて、春から夏に行う目土作業の参考にしましょう。

西洋シバも葉色がくすんだままで、成長は止まっています。

コウライシバ

●コウライシバの主な作業

刈り込み　行いません。

エッジ切り　縁石や建物の際、花壇や植え込みとの境目などは、芝刈り機が入りにくく、シバがだらしなく伸びてしまうので、シバをはぎ取って５㎝ぐらいのすき間をあけておきます。専用のターフカッターを使うとエッジのラインがきれいにそろいます。特に適期というものがないので、作業の少ない冬に済ませておくとよいでしょう。

雑草取り　１月に引き続き、雑草は小さいうちに抜き取っておきます。

シバ踏み　１月と同様に、霜柱で芝生が持ち上げられたら、よく踏み固めておきます。

●コウライシバの管理

水やり　必要ありません。

肥料　施しません。この時期に肥料を施すと、雑草の発生が多くなり、逆効果です。

病害虫の防除　特に必要ありません。隣に畑が広がっているような芝生では、モグラが入り込んで塚をつくることがあります。持ち上げられた場所は、よく踏みつけて乾燥害が発生しないようにしておきます。

寒地型西洋シバ

●寒地型西洋シバの主な作業

刈り込み　行いません。

保温、シバ踏み　１月と同様に行いましょう。

●寒地型西洋シバの管理

水やり　乾燥が続くようなら与えます。

肥料　施しません。

病害虫の防除　必要ありません。

3月

コウライシバの萌芽が始まり、シバ張りの適期になります。この時期には、コウライシバの苗(ソッド)も園芸店にたくさん並びます。西洋シバも生育が盛んになってくるので、刈り込みと施肥を開始します。

JBP-M.Fukuda

秋に芝生の隅に植えたクロッカスが咲き始めた

3月の芝生

気温の上昇が続き、天気が周期的に変わって雨も降りやすくなります。

冬枯れの葉に隠れてなかなか気づかないものですが、コウライシバは地際の芽がゆっくりと動き始めます。サクラの開花にともなって、コウライシバの萌芽が始まりますが、芝生が緑色になるのは来月まで待たなければなりません。

寒地型西洋シバは生育が盛んになり、くすんでいた葉色が、鮮やかな緑色になってきます。この変化を「グリーンアップ」といいます。

コウライシバ

●コウライシバの主な作業

刈り込み　行いません。

シバ張り　新芽が伸び始める前のこの時期が適期です。

張り替え、補修　チドメグサやシロツメクサが広がってしまって除草が難しいところ、踏みつけでシバが薄くなってしまったところなどは、今のうちに張り替えや補修を行っておきましょう。

草取り　越冬雑草が成長し始めるだけでなく、雑草のタネの発芽も始まります。シバの萌芽を助けるためにも、この時期の草取りが大切です。

●コウライシバの管理

水やり　必要ありません。しかし、乾燥が続くようなら水やりをすると、シバの萌芽が早まるといわれています。

肥料　施しません。新芽の成長はまだゆっくりで、地下茎に蓄えた養分で育ちます。この時期に肥料を施すと、逆に雑草を元気にしてしまいます。

病害虫の防除　必要ありません。

寒地型西洋シバ

●寒地型西洋シバの主な作業

刈り込み　下旬に1回行います。

草取り　シバの密度が低いため、雑草が生えやすいので、早めに抜き取ります。

●寒地型西洋シバの管理

水やり　肥料を施したあと、十分に与えます。

肥料　化成肥料（N-P-K＝10-10-10）を1㎡当たり20g程度施します。

病害虫の防除　必要ありません。

肥料の施し方

日本シバの場合、4～8月に月1回の施肥を行います。化成肥料（N-P-K=10-10-10）なら1㎡当たり、4月は20ｇ、ほかの月は30ｇ施します。西洋シバの場合は、3～6月と9～12月に月1回行います。同様の化成肥料を1㎡当たり、3～4月と9月、12月は20ｇ、5～6月と10～11月は30ｇ施します。

肥料は、むらができないように均一にまくのがポイント。手に一握りの肥料を持って左右に振りながら幅約2mで、まず縦方向にまいていく。全面にまいたら、次に横方向に同様にして全面にまく。これを繰り返し、少量ずつまき重ねるように施すとよい

化成肥料を1㎡当たり30g施したときの芝生面。肥料はあらかじめ面積分を量り分けておく

肥料が均一にまかれなかったために、色むらができたケンタッキーブルーグラスの芝生。肥料が多いところは濃い緑色になり、徒長する

4月

コウライシバは新葉が伸び始めるので、肥料を施して生育を促します。シバ張りや補修、目土入れなどの適期です。おう盛な生育が始まった西洋シバは、肥料を施し、頻繁な刈り込みを行うことが必要です。

JBP

コウライシバの新葉が伸び始めた

4月の芝生

春本番となり、コウライシバが本格的に目覚めて、一斉に萌芽します。よく見ると、枯れていた芝生から緑の新葉が顔を出しているのがわかります。関東地方では4月上旬にうっすらと色づき始め、1か月ほどかかって全面が緑色になります。地中を這っているほふく茎も伸長が始まっています。

西洋シバは生育の最盛期を迎え、分けつしたり、ほふく茎を周辺に伸ばしたりして、めざましい成長を見せ始めます。

コウライシバ

●コウライシバの主な作業

刈り込み　行いません。

草取り　越冬雑草がぐんぐん成長するので、早めに抜き取ります。

目土入れ　年に1～2回行う作業で、芝生の凹凸がよくわかる萌芽期のこの時期が適期です。凹凸がなくなるように目土を入れます。

シバ張り　今月も適期です。

張り替え、補修　今月も適期です。

●コウライシバの管理

水やり　必要ありません。しかし、乾燥が続くようなら水やりをすると、シバの萌芽が早まるといわれています。

肥料　化成肥料（N-P-K＝10-10-10）を1㎡当たり20ｇ程度施します。肥料を施すと、芝生は見違えるほど生き生きとしてきます。

病害虫の防除　直径20～30㎝のパッチ（斑）状に萌芽の遅れる部分が点在することがあります。春はげ症ともいう病気ですが、1～2か月で自然に回復するので、特に対策をとる必要はありません。

寒地型西洋シバ

●寒地型西洋シバの主な作業

刈り込み　おう盛に生育し始めるので、1週間から10日に1回行います。

草取り　雑草が生えやすいので、早めに抜き取ります。

●寒地型西洋シバの管理

水やり　肥料を施したあと、十分に与えます。

肥料　化成肥料（N-P-K＝10-10-10）を1㎡当たり20ｇ程度施します。

病害虫の防除　必要ありません。

4月

芝生の張り替え

日本シバの芝生の傷みがひどい場合は、その部分だけ張り替えるとよいでしょう。適期は3～5月です。

傷んで薄くなってしまった芝生。チドメグサが生えているのは、この場所は日当たりが悪く、湿気が多い証拠

芝生が枯れる主な原因と対策

芝生が生育不良を起こして枯れる場合には主に次の3つの原因が考えられます。張り替え前に、何が原因かよく診断して、対策をとりましょう。

①日陰になっている

日本シバは1日5時間以上の日照が必要とされ、特に午前中の日照がシバの生育にとっては有効です。庭に植えた植木の剪定を怠ると、植木が日陰をつくり、芝生が生育不良となることがあります。芝生を張り替える前に、日光を遮る植木の剪定や移植など、障害物の撤去を行います。

②人の踏みつけによるすり切れ

人の往来が激しい通路は、踏みつけによって土壌が固結します。芝生は硬い土壌と靴に挟まれ、すり切れて枯れてしまいます。定期的に通路を変え、同時に更新作業と目土入れを行って養生させることが効果的です。また、飛び石を置いて芝生を踏みつけないようにするのも一法です。

③水はけが悪い

シバは、土壌が過湿だと生育不良を起こします。このような場所では、湿気を好むチドメグサやシロツメクサ（95～96ページ参照）が侵入しています。土壌が粘土質で水はけが悪いか、地下水位が高いために過湿になっていると考えられます。土壌が粘土質の場合は、洗い砂や土壌改良資材を混入して土壌改良します。また、地下水位が高い場合には、盛り土をするなどして庭の水はけをよくします。

張り替えを行う場所にひもを張る

ひもに沿って（芝生をはがす部分の外周）ローンカッターで芝生を切る

縦方向に10cm程度（クワの幅）の間隔で芝生全面に切れ目を入れる

次に横方向に20～30cm間隔で芝生全面に切れ目を入れる

縦方向の切れ目に沿って、張るシバ苗の厚さでクワを入れて芝生をはがす

張り替え場所全面をきれいにはがす

レーキを使って深さ3cm程度耕し、平らにならす

芝生面に段差ができないように、洗い砂や新しい土を入れて高さを合わせる

シバ苗を置いて高さを確認し、低いようならさらに砂や土を入れる

端から順にシバ苗を並べ、平張りにする（38ページ参照）

すき間なく全面に張る

シバ苗のすき間に目土を入れ、全面をよく踏み固めたら、水を十分に与える

5月

コウライシバもいよいよ刈り込み開始です。雑草も活発に成長を始めるので、まだ抜きやすいうちに雑草を取り除きましょう。今月は、夏に向かって密な芝生をつくるための準備期間です。西洋シバは刈り込みを頻繁に行いましょう。

ARS

緑のコウライシバにサツキの花も映える

5月の芝生

からっと晴れて、吹く風も気持ちのよい五月晴れが続きます。

コウライシバの新葉も出そろって、一面が緑色になります。新葉の下ではほふく茎が周辺に伸び始め、そこに根を下ろして、節々から直立茎が伸び出します。

西洋シバは春の生育最盛期を迎えます。欧米では、この時期の西洋シバを「Spring Flush（スプリングフラッシュ。春の一斉萌芽ほどの意味）」と表現します。

コウライシバ

●コウライシバの主な作業

刈り込み　月1回または2週間に1回行います。

草取り　シバの密度がまだ十分ではないので、雑草の発生しやすい時期です。シバ張り後の目地の部分には雑草が生えやすいので、早めに取り除きます。

目土入れ　4月に行わなかった場合は、今月済ませておくとよいでしょう。

シバ張り　今月も適期です。気温が高くなってくると、重ねて束ねられているシバの苗が乾燥や蒸れで傷みやすいので、できるだけ早く作業を済ませましょう。すぐに行えない場合は、束をほどいて、空いている場所に1枚ずつ広げておきましょう。

張り替え、補修　今月も適期です。

●コウライシバの管理

水やり　一般には必要ありません。しかし、シバ張りや補修のあとに晴天が続くようなときには、乾燥させないように水やりが必要です。

肥料　化成肥料（N-P-K＝10-10-10）を1㎡当たり30g程度施します。

病害虫の防除　葉に淡黄色の斑点ができるさび病が発生することがあります。一時的なもので、シバが枯れてしまうことはありませんが、定期的な刈り込みを行って、シバが蒸れないようにして予防しましょう。

寒地型西洋シバ

●寒地型西洋シバの主な作業

刈り込み　最もおう盛に生育する時期なので、1週間から10日に1回行います。

ウインターオーバーシーディングした芝生は、

コウライシバなどの芝生に戻す（トランジション）ために、低刈りをします。

草取り　ほとんど必要ありません。

●寒地型西洋シバの管理

水やり　肥料を施したあと、十分に与えます。

肥料　化成肥料（N-P-K＝10-10-10）を1㎡当たり30g程度施します。

病害虫の防除　病害虫がふえてきますが、生育が最もおう盛な時期なので、特別な対策は不要です。

雑草取り

芝生に雑草が生えると見苦しいだけでなく、芝生は雑草によって傷められます。傷んだ芝生にはさらに多くの雑草が発生し、芝生は雑草地に変化してしまいます。雑草は季節を問わず一年中発生するので、発芽直後に、見つけしだい根ごと抜き取ります。

成長した雑草は根が芝生の根に絡み、簡単には引き抜けなくなるので、小ガマか大きめのピンセットを用いるとよい

雑草の発生を少なくする方法

①シバの刈り高を高くする

芝生の刈り高を低くするほどスズメノカタビラなどの雑草は多くなります。芝刈り機の刈り高を25mm以上に設定すると雑草の発生は著しく少なくなります。

②秋から冬は肥料を控える

ノシバ、コウライシバなどの日本シバは、10月以降肥料を施すと冬から春雑草が多発します。10月以降の施肥を控えます。

③芝生を密に保つ

芝生の茎数が少なくなると、そのすき間から雑草が多く発生します。定期的な刈り込みと施肥を行って、密な芝生をつくりましょう。細葉のコウライシバは茎密度が高く、雑草が侵入しにくい特性があります。

④オーバーシーディングをする

冬の間、日本シバの上の西洋シバのオーバーシーディングは、冬雑草の発生を効果的に抑制します。

タンポポなど根が深く伸びている雑草を抜き取るには、除草フォークも便利。刃の間に根を挟み、柄をテコにして引き抜く

除草剤の利用

家庭の芝生では、雑草は原則として手で取り除きます。しかし、芝生の面積が広い場合など、雑草取りに大変な労力がかかる場合は、シバに害を与えず雑草だけを選択的に枯らすシバ専用の除草剤が有効です。

ただし、シバの種類や対象雑草によって適用できるものとできないものとがあります。また、農薬なので人体への配慮も必要です。説明書をよく読んで行いましょう。なお、除草剤の種類と使い方は125ページを参照してください。

除草剤専用噴霧器。ノズルの先のカバーで雑草に集中して薬剤を散布できる

6月

コウライシバは肥料を施し、刈り込みに励みましょう。
強敵メヒシバの芽生える時期なので、見つけしだい抜き取ります。
西洋シバでウインターオーバーシーディングした場合は、トランジションを促進するために低刈りにします。

ARS

寒地型の西洋シバは、暑さで生育が衰えてきた

6月の芝生

中旬までには梅雨入りし、高温多湿の雨の季節に入ります。キノコが顔を出すことがありますが、芝生の生育には普通影響ありません。

コウライシバは、暑さのなかでぐんぐん生育します。芝生が薄くなったり、削れたりしているところにもほふく茎が伸びていって、これから夏にかけて一挙に回復します。

一方、暑さが苦手な寒地型西洋シバは、まだ緑色は保っていますが、生育が衰え始め、病気の発生が多くなります。

コウライシバ

●コウライシバの主な作業

刈り込み　月1回または2週間に1回行います。

草取り　シバ刈りを行うほど、雑草は少なくなります。春に張ったシバの目地からは雑草がよく芽生えてくるので、除草します。特にメヒシバは被害が大きくなるので、小さいうちに抜き取りましょう。

目土入れ　4月、5月に行っていなければ今月早めに済ませましょう。

●コウライシバの管理

水やり　普通は必要ありません。しかし、梅雨入り前に好天が続いてひどく乾燥し、葉が針のように丸まって黒ずんでくるようなら、水をたっぷり与えましょう。

肥料　化成肥料（N-P-K＝10-10-10）を1㎡当たり30g程度施します。気温が上がってコウライシバの生育がどんどんおう盛になっていく時期ですから、6月に施す肥料はとても大切です。

病害虫の防除　梅雨入りすると、排水不良の場所に、まれに直径10㎝ぐらいの赤褐色の病斑が数個現れることがあります。これはカーブラリア葉枯病といわれるものです。シバ刈りを怠ったり、刈りかすを残したりすると発生しやすいので注意しましょう。

寒地型西洋シバ

●寒地型西洋シバの主な作業

刈り込み　1週間から10日に1回行います。ウインターオーバーシーディングした芝生は低刈りをして、コウライシバとの切り替え（トランジション）を促進します。

草取り　やっかいなメヒシバが多くなるので、

小さいうちに抜き取ります。

●寒地型西洋シバの管理

水やり　乾くようなら適宜水やりします。芝生の上を歩いて足跡が残るようなら、水が不足し始めています。

肥料　化成肥料（N-P-K＝10-10-10）を1㎡当たり30ｇ程度施します。

ウインターオーバーシーディングした芝生では、コウライシバの生育を促すために、1㎡当たり50ｇ程度施します。

病害虫の防除　芝生に淡黄色をした円形の病斑ができるダラースポット病や褐色をした直径15㎝くらいの病斑ができる葉腐病（ラージパッチ）などが発生します。排水が悪かったり、刈りかすを残しておいたりすると発生しやすいので、排水を改善し、刈りかすは集めて処理するようにします。

シバは肥料食い

シバも植物ですから肥料が必要です。むしろ、刈り込みによって定期的に茎葉が刈り取られている分、よけいに肥料が必要です。生育期に葉色が冴えない芝生は、肥料不足を疑いましょう。

シバは肥料負けすることがほとんどありませんが、生育がおう盛になりすぎると刈り込み回数がふえますし、雑草がはびこるもとにもなるので、施しすぎにも注意しましょう。

鳥の糞が落ちた部分だけ緑が濃くなったコウライシバ。肥料の効果はすぐに表れ、色の冴えない芝生に肥料を施すと、数日で緑が濃くなってきたことがわかるほど

芝生用土

シバの苗を張ったり、タネをまいたりする場所の床土や、シバの生育を助けるために行う目土用にはどんな用土を用意すればよいか、その種類と特徴を述べます。

洗い砂：砂は、河川や山から採取しますが、これらの砂に含まれる粘土分や石灰分を水で洗ったものが洗い砂です。園芸店で売られています。雑草種子が混入せず、固まらない特徴があるため、芝生に最適な資材です。踏圧の激しい場所では、植えつけ前の床土として最も有効です。床土、目土用として使用できます。そのままで十分使えますが、土壌改良資材を混合すると良質な芝生用土ができます。

黒ボク土：火山灰で構成された地層の上層土です。有機物の含有量が多く、高い保肥力をもち、芝生の生育にとっては最適な土です。ただし、踏圧の激しい場所では沈んで固まりやすく、雑草種子の混入が多いことが欠点です。床土として使えますが、雑草が発生するおそれがあります。

赤土（黒ボク下層土）：火山灰で構成された地層の下層土です。有機物の含有量が少なく、保肥力は黒ボク土より劣ります。踏圧の激しい場所では沈んで固まりやすい欠点があります。雑草種子の混入は多くありません。床土として使えますが、粘土が多量に混入しているものもあり、粘土の多いものは使えません。

市販芝生用土：芝生用土として市販されています。土壌の粒径をそろえて滅菌消毒したもので、有機物および肥料が含まれているものもあります。雑草種子は混入していません。粒径も細かく利用しやすい形態です。床土、目土用として使用できます。

土壌改良資材：一般に、腐葉土など堆肥化された有機物が主体です。主に肥よく度の低い砂や土に混合して使います。

※砂の選択の注意点

洗っていない砂には産地によって、貝殻が多く含まれているものがあります。貝殻は、炭酸カルシウムで強いアルカリ性を示します。強いアルカリ性を示す土壌にシバを植えつけると葉が黄化し、根を伸ばすことができず生育不良を起こします。また、シバに発生する病害の多くがアルカリ性を示す土壌で多発します。貝殻混じりの砂の使用は極力避けましょう。

目土入れ

芝生上に洗い砂や目土用の土をまく

目土の目的は、主に芝生に堆積した有機物の希釈と分解、すり切れにより表面に露出した茎の保護、根の生育範囲の拡大、芝生の凹凸の補正などです。

シバの葉が完全に隠れるほどの過剰な目土は、シバの光合成を阻害し枯らしてしまうので注意します。目土後は、レーキで整地し、場合によっては水やりによって砂を落として葉を出してあげます。

芝生の凹凸を直すための目土入れ

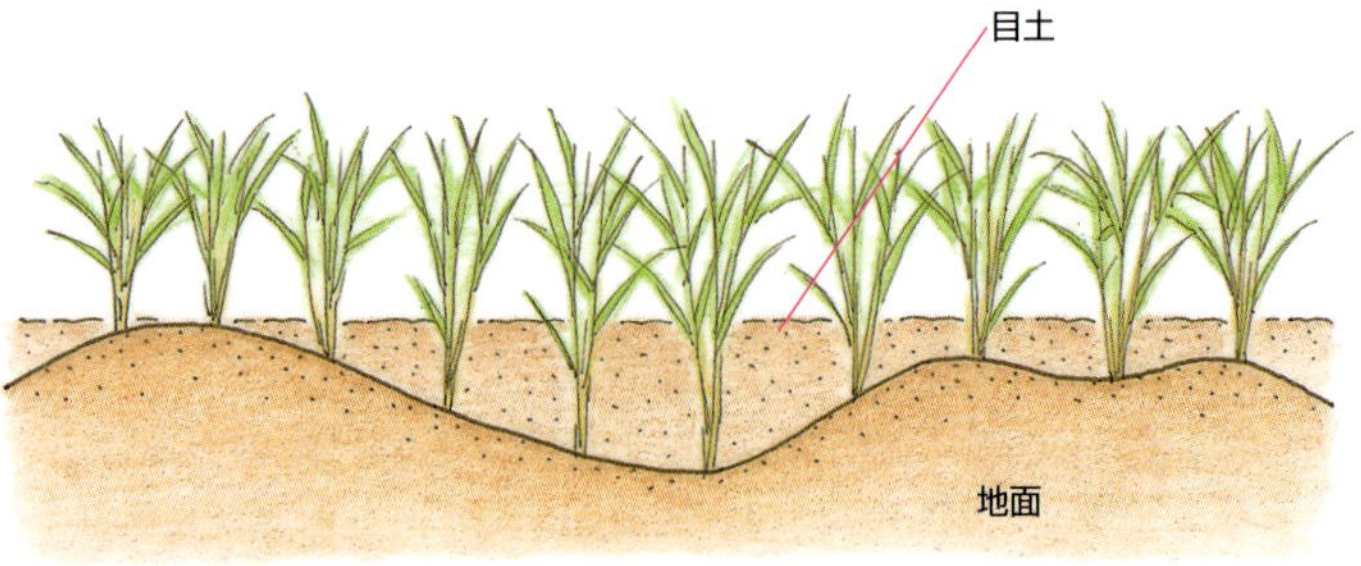

シバの葉がある程度伸びたときに、低い部分を埋めるように洗い砂や土を入れる。シバが完全に埋まると枯れてしまうので、葉が見える程度に抑える

レーキの背を使って砂や土を芝生面に広げる

芝生のすき間に砂や土が入り込むようにすり込む

砂や土があまり目立たなくなったら、すり込み終了

ふるいを使って全体に5mm程度の厚さに目土をまいてからすり込んでもよい

サッチかき

芝生には、枯れ葉などが半分分解したような状態で堆積し、層をつくっています。これをサッチと呼びます。サッチはたまりすぎると芝生内を過湿気味にし、カビやキノコの発生源になります。1～2年に1回はサッチをレーキで取り除き、目土入れを行います。

ローンレーキでサッチをかき出して集め、処分する

上から見ても、サッチがたまっているのがわかるコウライシバ

エアレーション

芝生は多年草なので、栽培中に土を耕したりすることができません。そこで、定期的に芝生にエアレーション（穴あけ作業）を行い、通気性や透水性の改善を図ります。この作業は、特に踏圧の激しい場所を重点的に行います。踏み込んだローンスパイクを軽く前後左右に揺さぶって地面にひびを入れたあと、目土入れと施肥を行って1か月程度養生させるとよいでしょう。

ローンスパイクを足で踏み込み、芝生に穴をあける

5～10cm間隔であけていく

直径1cm、長さ5～10cmの円柱状に土が抜ける

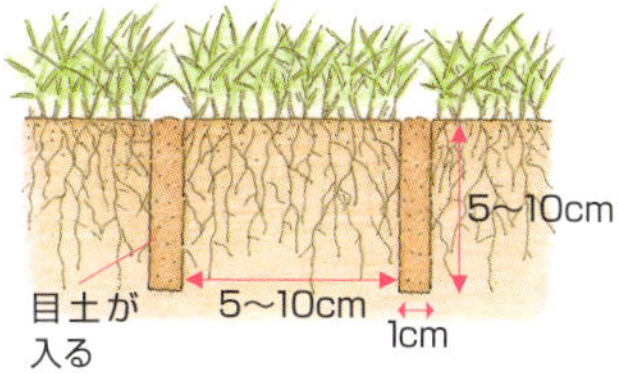

穴をあけ、ひびを入れることで土の中に空気が入り、また、水もしみ込みやすくなる

7月

暑いほど生育おう盛なコウライシバは、この時期に刈り込みや水やりなどの基本管理をきちんと行うことで、密な芝生になり、来年の管理を楽にすることができます。西洋シバは、早めに病害虫の防除対策をとりましょう。

乾燥に弱い西洋シバには水やりが欠かせない

7月の芝生

下旬にはうっとうしい梅雨が明け、一気に強烈な日ざしが照りつける真夏になります。

コウライシバは生育最盛期を迎え、手入れのよい芝生は緑の絨毯のようになります。この時期はすり切れや踏圧にも強いので、安心して芝生の上で活動でき、踏み締める感触を楽しむことができます。

西洋シバは、梅雨明け後の高温乾燥で水不足になりやすいので、夏バテを少しでも緩和するように十分水を与えることが必要です。

コウライシバ

●コウライシバの主な作業

刈り込み　きちんと肥料が施されていると、シバは1日に約2㎜伸びます。10日から2週間に1回は刈り込みを行いましょう。刈り込みによって茎の数がふえ、密度の高い芝生になります。

更新作業　踏み固められてかちかちになった芝生の床土の排水性や通気性を改善するエアレーションや、刈りかすなどが地際にたまってできた、病気の発生原因になるサッチ層を取り除くサッチかきなどを行いましょう。これらは1～2年に1回は行いたい作業です。

草取り　この時期によく管理されたコウライシバは、密生しているので雑草が生えにくくなっています。しかし、6月から7月に発生するメヒシバは、生育力のとても強い雑草で、芝生を傷めながら大きな株になっていきます。メヒシバは早めに取っておくことが大切です。

●コウライシバの管理

水やり　梅雨中は水やりの必要はありません。梅雨明け後、晴天が続いて乾燥がひどいようならたっぷり水やりしましょう。少々の乾燥で枯れることはありませんが、葉が針のように丸まり、全体に黒ずんできたら乾きすぎです。たっぷり水を与えましょう。

肥料　茎や葉が密生し、緑鮮やかな芝生に保つには肥料が欠かせません。化成肥料（N-P-K＝10-10-10）を1㎡当たり30g程度施します。梅雨期は茎葉が徒長しやすくなるので、日当たりがあまりよくない場所では控えめに施します。

病害虫の防除　春先から初夏に病気にかかっていた場所も、8月には完全に回復します。スジキリヨトウやシバツトガなどの害虫が発生することがありますが、生育がおう盛で回復も早いので、ほうっておいてもかまいません。

寒地型西洋シバ

●寒地型西洋シバの主な作業

刈り込み　２週間に１回行います。

●寒地型西洋シバの管理

水やり　梅雨明け後は適宜、だいたい２日おきにたっぷり水を与えます。

肥料　施しません。

ウインターオーバーシーディングした芝生では、コウライシバの生育を促すために１㎡当たり50g程度施します。

病害虫の防除　ダラースポット病や葉腐病（ラージパッチ）などが発生します。また、シバツトガなどの害虫も発生します。適切に防除しましょう。

芝生のストライプ模様

サッカー場などの芝生のきれいなストライプ模様はどうやってつくられるのでしょうか。

競技場などに用いられるシバをスポーツターフと呼びますが、これにはペレニアルライグラスがよく用いられます。ペレニアルライグラスは葉裏につやがあり、芝刈り機によって葉が倒れると、見る方向によって白く輝きます。そのため、刈る方向を変えることで芝生にストライプ模様が現れます。

コウライシバなどでは、同様に刈っても模様はほとんど目立ちません。

SEKAI BUNKA PHOTO

手前に刈ってシバが手前側に倒れると黒っぽく、反対だと白っぽくなる

水やり

コウライシバなどの日本シバは乾燥に強いので、真夏に晴天が続いて乾燥がひどいときなどを除けば、水やりはふつう必要ありません。しかし、西洋シバは乾燥に弱いので、雨が降らなければ、夏には最低でも1日おきには水やりが必要です。

小面積の芝生なら、ホースを使っての水やりが一般的。根が張っている地中深くまで水が届くように、たっぷり与える

スプリンクラーを使えば、楽に水やりができる。タイプによって長方形や正方形、円形などさまざまな形に散水できるので、庭の形に合わせて選ぶとよい。これに水やりタイマーを併用すれば、決まった時刻に決まった時間だけ自動的に水やりができ、手間がかからない

8月

生育最盛期の続くコウライシバは、引き続き刈り込みを頻繁に行います。西洋シバはもちろん、乾燥に強いコウライシバでも水不足になることがあるので、適宜水やりしましょう。コウライシバの肥料は今月で打ち切ります。

ARS
コウライシバは暑い夏ほど生育がおう盛になる

8月の芝生

熱帯地方並みの蒸し暑い日が続き、夜も寝苦しい熱帯夜に悩まされます。

うだるような暑さのなかでも、コウライシバは元気いっぱいで、生育最盛期を迎えています。

一方、西洋シバは、暑さで弱りきっています。そこに病気や害虫が追い打ちをかけるので、警戒を要します。関東地方以西の地域では、夏に西洋シバの芝生の一部が枯れてしまうのはやむをえないことと思ったほうがよいでしょう。

コウライシバ

●コウライシバの主な作業

刈り込み　肥料と水が十分だと、芝生の伸びは最高になります。少なくとも10日から2週間に1回、できれば週1回刈り込みを行いましょう。刈り込むことで、ほふく茎が伸び、傷んだところも修復されます。

更新作業　シバを傷める作業なので、夏の間に十分に回復できるように、8月中旬くらいまでに済ませます。

草取り　真夏に発芽する雑草は少ないものです。7月に取り残したメヒシバなどがあったら抜き取りましょう。

●コウライシバの管理

水やり　好天が続いて乾き、葉が針のように丸まり、全体に黒ずんできたら、水やりします。こういう状態になっても、水を与えればすぐに元の緑色を取り戻します。

肥料　引き続き、化成肥料（N-P-K＝10-10-10）を1㎡当たり30g程度施します。

病害虫の防除　病気の心配はまったく必要ありません。生育がおう盛で回復も早いので、春先から初夏に病気にかかっていた場所も、8月には完全に回復します。スジキリヨトウやシバツトガが発生することがありますが、芝生の生育がおう盛なので、目に見えた被害になることはほとんどありません。

寒地型西洋シバ

●寒地型西洋シバの主な作業

刈り込み　月1回行います。

草取り　病気や害虫により、芝生の裸地がふえ、雑草が入り込みやすくなります。雑草は見つけしだい抜き取ります。

●寒地型西洋シバの管理

水やり　毎日午前中に水を与えます。

肥料　施しません。

病害虫の防除　ダラースポット病や葉腐病（ラージパッチ）などの病気、シバットガやスジキリヨトウなどの害虫も発生します。適切に防除しましょう。

M.Katoh

スジキリヨトウの幼虫

モグラ対策はミミズ対策から

芝生にモグラが住みつくと、地表近くに坑道を掘ってシバが持ち上げられたり、坑道を掘ったときに出る土を盛り上げたモグラ塚がつくられたりします。シバを食べたりするわけではないのですが、大きな穴をあけるだけに厄介です。

モグラの被害を少なくするには、坑道にトラップを仕掛けて捕獲したり、忌避剤を用いたりする方法もありますが、しばらくするとまた別のモグラが住みつきます。辛抱が必要ですが、モグラの食物となるミミズの発生を抑えるのが最も効果的です。大食漢のモグラは、食物の少ないところでは生きていけません。殺虫剤を使う方法もありますが、ミミズは酸性土壌を嫌うので、化成肥料をこまめに施すと発生が少なくなります。また、砂地ではミミズの発生が少ないので、芝生づくりのときに床に砂を客土しておくのもよい方法です。

夏の雑草図鑑

ここでは芝生でよく見られる雑草およそ70種程度のうち、春から夏の高温期を中心に生育する代表的な「夏雑草」を紹介します。秋から翌年の初夏にかけての冷涼期に生育する「冬雑草」は、58～61ページで紹介しています。

夏雑草には、ニワゼキショウやネジバナのように芝生によくなじんで、かわいい花を咲かせるものもあります。このような野草は共存させて、原っぱのような芝生にしてもよいでしょう。

オオバコ（オオバコ科）
多年草で、初夏から秋が生育最盛期。種子は湿るとゼリー状になる物質をまとい、靴に付着して運ばれる。踏圧に強く、裸地化した場所によく生える

N. Takahashi

エノコログサ（イネ科）
一年草で、春にメヒシバより少し早く芽生え、夏から秋に穂を伸ばして花を咲かせる。ネコジャラシの別名でよく知られている。刈り込みで弱り、なくなる

8月

カタバミ（カタバミ科）
多年草で、ほふく茎が地面を這い、節々から根を出して広がっていく。また、実が熟すとタネを四方にはじき飛ばして、そのタネでもふえるのでやっかいな雑草

オヒシバ（イネ科）
メヒシバに並ぶ夏雑草の代表格。メヒシバより茎葉が堅く、強靱で、株が大きくなると容易には引き抜けない。踏みつけにも強く、裸地化したところにも生える

コニシキソウ（トウダイグサ科）
北アメリカ原産の帰化植物で、春に芽生え、夏から秋に花をつける。葉の中央部に赤褐色の斑点が入るのが特徴。芝生の上に覆いかぶさるように広がる

カヤツリグサ（カヤツリグサ科）
一年草で、やや湿った場所に春から夏に発生する。真夏に線香花火のような形に黄褐色の穂をつける。刈り込みでなくなるが、土中のタネの寿命は長く、また生えてくる

Y.Asano

ザクロソウ（ザクロソウ科）
春から夏にかけてだらだら発生する一年草で、葉がザクロの葉に似ていることからこの名がある。株状になって横に広がり、夏から秋に黄褐色の花を多数つける

コメツブウマゴヤシ（マメ科）
地中海沿岸原産の一年生の帰化植物。秋または春に芽生え、5〜7月ごろに黄色い花を咲かせる。成長して茎が木質化するようになると除草剤が効きにくくなる

スギナ（トクサ科）
酸性の土壌を好む防除困難な雑草。地下茎が長く伸び、ちぎれても再び出てくる。芝生をつくる前に、地下茎を完全に掘り取るか、除草剤で駆除しておく

シロツメクサ（マメ科）
クローバーとも呼ばれるなじみの帰化植物。ヨーロッパ原産で、牧草として導入された。チッ素不足の芝生に多く、ほふく茎の節々から根を出して広がるので駆除が難しい

チドメグサ（セリ科）
常緑の多年草で、この草が生えたら日当たりが悪く、湿り気が多い証拠。ほふく茎の節々から根と葉を出して広がるので、駆除は難しい。まず、日当たりや水はけの改善が必要

チガヤ（イネ科）
多年草で、5～6月に絹白色をした子犬のしっぽのような穂を伸ばす。長い地下茎で広がるので、駆除が難しく、放置するとたちまちはびこって手がつけられなくなる

Y.Asano

ハマスゲ（カヤツリグサ科）
多年草で、長い地下茎で広がり、次々と小さな塊茎をつくって、おう盛に繁殖する。ていねいに掘り起こして地下茎や塊茎を取り除くが、完全駆除は難しい

ニワゼキショウ（アヤメ科）
北アメリカ原産の多年生の帰化植物。高さ15cmほどになり、5～6月に直径1.5cmほどの青紫や赤紫、白の花を咲かせる。愛らしい雑草だが、繁殖力は強い

Y.Asano

ヒメスイバ（タデ科）
ヨーロッパ原産の多年生の帰化植物。赤い小さな花は目立たないが、初夏に穂状につく赤っぽい実が目を引く。踏みつけにも強く、タネと地下茎でどんどんふえる

Y.Asano

ヒメクグ（カヤツリグサ科）
多年草で、夏から秋に黄緑色をした独特の球状の穂をつける。地下茎で広がり、日当たりのよい少し湿った場所に多く生える。駆除するには地下茎をていねいに取り除く

ヨモギ（キク科）
草餅やお灸の原料にする多年草。地下茎を伸ばしてふえるので、駆除するには、ていねいに掘り起こして地下茎を完全に取り除く。冬は地上部は枯れる

N.Takahashi

メヒシバ（イネ科）
夏雑草の代表的なもので、春から秋までだらだらと発生する。茎は根元で分枝して這うように伸び、節からも根を出すので、草取りしても茎がちぎれて残り、再生する

なかなか元には戻りません。そうした場所はタネまきをして、芝生の回復を早めるようにします。

草取り　雑草がタネを落とす前に抜き取りましょう。

●寒地型西洋シバの管理

水やり　乾燥するようなら3日に1回程度水を与えます。

肥料　化成肥料（N-P-K＝10-10-10）を1㎡当たり20g程度施します。

病害虫の防除　ダラースポット病などが発生するので、適切に防除しましょう。

ローンデージー

雑草が1本もない手入れの行き届いた芝生はもちろんすばらしいのですが、緑の中にきれいな花が咲いている芝生も魅力的です。

野生のデージー（ヒナギク）は、ヨーロッパではごく普通の雑草で、芝生にもよく生えます。小さな女の子たちは、この愛らしい花を集めて首飾りなどをつくって遊びます。そのため、芝生にデージーが生えても残している人も多いようです。「ローンデージー」といって、芝生として使うための苗も売られています。

JBP/A.Tokue

野生のヒナギク。多年草だが、関東地方以西では夏の暑さで一年草になる

シバでない芝生植物図鑑

芝生に利用される植物は、その大半はイネ科の植物ですが、ユリ科のジャノヒゲ（リュウノヒゲ）、キク科のローンカモミール、シソ科のクリーピングタイムやペニーロイヤルミント、ヒルガオ科のダイコンドラなども環境条件や目的によって使い分けられます。

特にハーブの分野では、ローンカモミールやほふく性のタイムが、踏んだときによい香りのする「香りの芝生」としてよく利用されています。

JBP/f-64

ペニーロイヤルミントの芝生

N. Takahashi

ダイコンドラ・ミクランサ（ヒルガオ科）
和名アオイゴケ。芝生と同じような感覚で使える関東地方以西向きのグラウンドカバー植物。半日陰で、少し湿ったところに向く

ジャノヒゲ'玉竜'（ユリ科）
別名チャボリュウノヒゲ。ジャノヒゲの品種で、昔から日本庭園にもよく使われてきた。葉が短いので、刈り込みしなくても密生して芝生状になる。暑さ寒さに強く、日陰や半日陰でもよく育つ

ARS

ローンカモミール（キク科）
ローマンカモミールの花をつけない園芸種。踏みつけにはあまり強くないが、リンゴのような甘い香りがして、気持ちを安らげる。暑さと乾燥には強くないので注意する

N. Takahashi

ダイコンドラ・セリケア（ヒルガオ科）
アオイゴケと近縁で、腎臓形の葉と茎は銀白色の毛に覆われたシルバーリーフプランツ。アオイゴケと異なり、日当たりと水はけがよくて、乾き気味のところに向く

JBP

ペニーロイヤルミント（シソ科）
茎が地面を這うように伸びて広がるが、花時には高さ40cmくらいにまっすぐ伸びて、ピンクの花を穂状に咲かせる

クリーピングタイム（シソ科）
別名ワイルドタイム。高さ10cmほどで横に広がり、地面を覆う。蒸れを防ぎ、低く横に広がるように、花後に刈り込む。白、ピンク、濃ピンクなどの花色がある

JBP-N.Kamibayashi

ローンカモミールのベンチ。座るとリンゴの甘い香りに包まれる

10月

コウライシバの刈り込みは、今月中旬で終え、来年の春までは行わないようにします。生育おう盛な西洋シバは、刈り込みを頻繁に行い、肥料も十分に施します。タネまきやウインターオーバーシーディングは今月いっぱいが適期です。

JBP-N.Kamibayashi

生育最盛期を迎え、緑鮮やかな西洋シバ

10月の芝生

すがすがしい秋晴れが訪れ、日中は暖かくても、夜は冷え込むことが多くなってきます。

コウライシバは、緑色はまだ鮮やかですが、目に見えて生育が衰えてきます。夏の間の管理がよければ、とても密な芝生になっているはずですが、あなたの芝生はどうでしょうか。

西洋シバは、春と並んで生育最盛期となり、ひときわ鮮やかな緑を見せてくれます。9月にタネまきしたものはそろって芽生え、地面を覆う緑色が次第に濃くなってきます。

コウライシバ

●コウライシバの主な作業

刈り込み　シーズン最後のシバ刈り（刈り留め）を上旬に終わらせ、以後は翌春まで行いません。シバが長めの状態で冬枯れを迎えたほうが、雑草の発生も少なく、すり切れにも強くなります。

草取り　10月と11月は多くの冬雑草の発芽期です。早めに抜き取るようにしましょう。

●コウライシバの管理

水やり　必要ありません。

肥料　施しません。シバはまだわずかに生育していますが、この時期に肥料を施すと、雑草が多くなります。

病害虫の防除　〝象の足跡病〟とも呼ばれる、直径30㎝ほどの白いパッチ状にはげる葉枯れ性の病気が発生することがあります。特に雨の多い年には大発生することもあります。しかし、来年の萌芽が少し悪くなりますが、枯れてしまうようなことはないので、特に薬剤による防除は行わなくてもよいでしょう。

寒地型西洋シバ

●寒地型西洋シバの主な作業

刈り込み　10日から2週間に1回行います。

タネまき　今月も適期です。

ウインターオーバーシーディング　今月も適期です。

補修　傷んだ芝生の回復を早めるために、芝生がなくなってしまった部分にタネをまく作業は今月も適期です。

草取り　冬雑草が芽生えてくる時期なので、見つけしだい抜き取ります。しかし、タネまき後まもない場所では、雑草を抜こうとすると発芽したシバも一緒に抜けてしまうので、もう少し大きくなるまで除草は控えましょう。

●寒地型西洋シバの管理

水やり　普通は必要ありませんが、乾くようであれば与えます。タネまきをしたものは、シバが2～3㎝に伸びるまでは土の表面が乾かないように、毎日か1日おきに水を与えます。

肥料　化成肥料（N-P-K＝10-10-10）を1㎡当たり30ｇ程度施します。

病害虫の防除　シバがおう盛に生育するので、病害虫の被害は目立ちません。

シバの花

シバは、地際からたくさんの葉が出ているだけの、ちょっと変わった植物に見えます。しかし、よく見ると茎や枝もあり、季節になれば花を咲かせ、実もつける植物です。ただ、頻繁に刈り込みを行っていると、花穂も小さいうちに刈り取ってしまうので、花を見る機会が少ないのです。

コウライシバは11月か5月に、ノシバは5月に、ケンタッキーブルーグラスやペレニアルライグラスは初夏に、ベントグラスやトールフェスクは夏に花を咲かせます。

ARS

コウライシバの花。日照時間が短くなると花芽ができる短日植物

芝生で楽しむ秋植え球根

緑一色の芝生も美しいのですが、その中にきれいな花が咲いてくれたら、また違った魅力が生まれると思いませんか。ヨーロッパなどでは、芝生の中にクロッカスなどの球根を植え込んで、緑と花色とのコントラストを楽しんでいます。日本シバは冬枯れしてしまうので、西洋シバほどは冴えませんが、また違った枯淡の趣きが楽しめます。

芝生に植える球根は、シバの生育や手入れにあまり支障をきたさないように、シバの生育が盛んになる初夏から秋口までは地上部がないものを選びます。また、毎年掘り上げて乾燥貯蔵する必要がなく、据え置き栽培のできることも条件です。クロッカスやシラー、小型のアイリス、早咲きのスイセンなどの秋植え球根のほか、夏植え球根のコルチカムやステルンベルギア、サフランなども、花は秋ですが、冬または春から初夏までしか葉がないので適しています。

ALPINA

芝生の中央に立っている大木の周囲に咲いたクロッカス。西洋シバの緑に花がよく映える

10月

球根の植えつけ　適期=7〜8月(夏植え球根)、9月(秋植え球根)

球根を植えたい場所にスコップを入れ、芝生を切る

小さな球根ならディバーが便利

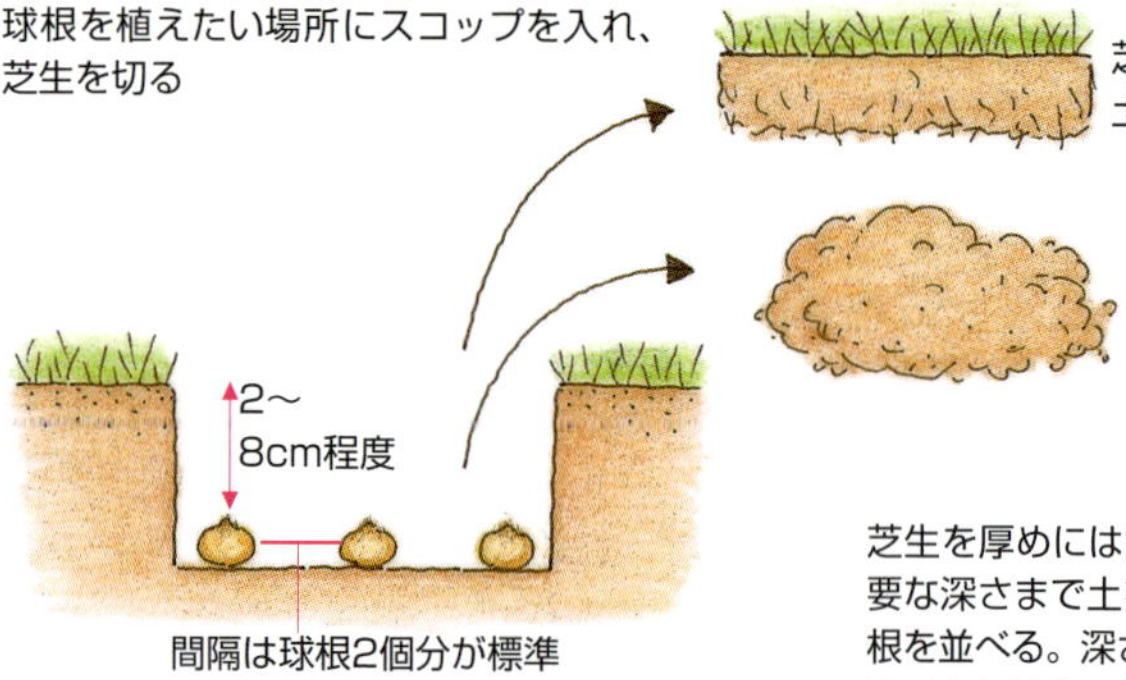

芝生には厚めに土をつける

芝生を厚めにはがし、さらに必要な深さまで土を掘り上げ、球根を並べる。深さはクロッカス、スイセンは8cm、コルチカムは5cm、アイリスで2cm程度

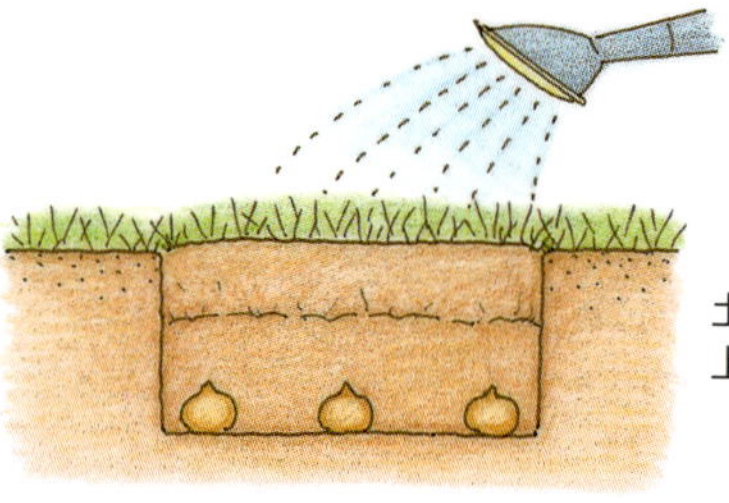

土と芝生を元に戻し、よく押しつけて、上からたっぷり水をやる

植えつけ後の管理

植えつけ直後に水やりをしておけば、その後は特に手入れは必要ない。花が終わると、葉が刈り込みなどの邪魔になるが、葉は翌年に備えて球根を太らせるために必要なもの。黄色くなるまでは切らないようにする。

JBP/M.Fukuda

冬枯れしたコウライシバのなかから花を咲かせた寒咲きクロッカスと早咲きのスイセン

10月

11月

コウライシバは冬雑草の草取りくらいで、ほかには特に作業はありません。西洋シバは秋の生育最盛期なので、肥料を施し、刈り込みを行います。タネまきしたシバも、刈り込むことで分けつが盛んになり、密な芝生になっていきます。

ARS
生育がほぼ止まり、コウライシバの葉色が落ちてきた

11月の芝生

立冬を迎え、秋から冬へと季節が移ります。木枯らしが吹き、気温がいちだんと下がります。

コウライシバは花を咲かせますが、生育はほとんど止まってしまいます。冬支度を始め、葉の色はくすんだ鈍い色に変化します。

西洋シバは相変わらず生育おう盛です。9月にタネをまいた場所にはもう立派な芝生ができ上がります。また、ウインターオーバーシーディングした芝生ではコウライシバが隠されてしまい、西洋シバの芝生に変わります。

コウライシバ

●コウライシバの主な作業

刈り込み　行いません。

草取り　スズメノカタビラやオオアレチノギクなどの冬雑草の発生が多くなり、またシバが色落ちしてくるのでよけいに目立ってきます。この時期の雑草は小さく抜きやすいのですが、冬を越すと根が張ってとても抜きにくくなるので、今のうちにこまめに抜いておきましょう。

●コウライシバの管理

水やり　必要ありません。

肥料　施しません。8月まで施した肥料の量が少ないと葉色が悪くなるのが早く、また、肥料の量が多めで、まき方にむらがあると葉の色がまだらになります。状態をよく観察して、来年の肥料の施し方の参考にしましょう。

病害虫の防除　秋に発生した病気のあとが、回復しないまま残っていることがあります。来春の萌芽が少し遅れることがありますが、殺菌剤の散布などは必要ないでしょう。

寒地型西洋シバ

●寒地型西洋シバの主な作業

刈り込み　2週間に1回程度行います。9月から10月にタネまきやウインターオーバーシーディングをした場所も、同様に刈り込みます。

草取り　シバがおう盛に生育し、刈り込みも行っているので、特に必要ありません。

●寒地型西洋シバの管理

水やり　普通は必要ありませんが、乾くようであれば与えます。

肥料　化成肥料（N-P-K=10-10-10）を1㎡当たり30g程度施します。

病害虫の防除　必要ありません。

12月

枯れ葉色になってきたコウライシバの芝生では、冬雑草が目立ってくるので、小さいうちに抜き取っておきます。西洋シバも寒さでほとんど生育が止まりますが、葉色の退色を防ぐため、肥料を施します。

ALPINA

コウライシバの芝生が枯れ葉色に変わってきた

12月の芝生

北風が強く吹き始め、霜が降りたり、氷が張ったりする時期です。

コウライシバは休眠期に入り、葉色が枯れ葉色へと変わり始めます。しかし、定期的にきちんと肥料を施してきたコウライシバは、関東地方以西ではまだかなり緑色が残っています。

生育おう盛だった西洋シバも、気温の低下とともに生育が鈍ってきます。葉色も次第に鮮やかさがなくなり、霜に当たると鈍い色になってしまいます。

コウライシバ

●コウライシバの主な作業

刈り込み　行いません。

草取り　秋に発生するスズメノカタビラ、オオアレチノギクなどの冬雑草は、今月除草をしておくと、春の雑草管理が楽になります。

●コウライシバの管理

水やり　必要ありません。

肥料　施しません。

病害虫の防除　必要ありません。

寒地型西洋シバ

●寒地型西洋シバの主な作業

刈り込み　行いません。

草取り　必要ありません。

●寒地型西洋シバの管理

水やり　普通は必要ありませんが、乾くようであれば与えます。

肥料　化成肥料（N-P-K＝10-10-10）を1㎡当たり20g程度施します。

病害虫の防除　必要ありません。

主な病害虫とその防除法

芝生は多年生であり、植物として過密状態にありますます。また、単一で構成される場合が多く、いったん病害虫が発生すると大発生する危険性があります。したがって、病害虫の発生には常に注意を払っておくことが大切です。

芝生は家族が身近に利用する場所なので、家庭での病害虫防除は、予防を中心として行いましょう。刈り込みをきちんと行い、肥料も適正な種類や量、回数を施すなど、まず日常の管理が大切です。1～2年に1回は、エアレーションを行って土壌の透水性や通気性を改善したり、サッチかきを行って病原菌の温床になるサッチを取り除くようにしましょう。また、芝生をつくるときに、最初から特定の病害虫に強い抵抗性品種や草種を選択して植えるのも効果的です。

病害虫が発生してしまった場合でも、多少であればほうっておいてもやがて回復します。しかし、被害が大きい場合は化学農薬での防除が必要になります。その場合は必ずシバで登録がとれている農薬を用い、決められた倍率や回数を守ることはもちろん、近隣の方への配慮も忘れないようにしましょう。被害が大きい場合はすっぱりあきらめて、はげてしまった部分のシバを張り替えたり、タネをまき直したりするのも一つの方法です。

さび病

［症状］ 日本シバ、西洋シバともに発生します。最初、葉に鉄さび病の斑点ができ、やがて橙色の粉をつけます。病状が進むと全体に広がりますが、葉が枯死するまでには至りません。

［発病期］ 5～7月と9～10月の年2回発生します。風通しや日照不足で、湿度の高い条件下でよく発生します。

［防除法］ シバを枯死させてしまうほどの被害はありません。刈り込みを頻繁に行い、芝生内への風通しをよくします。発病条件がくずれてしまうと自然に消えてしまうので、特に防除の必要はありません。日本シバについては、特に被害がひどい場合、ミクロブタニル水和剤の散布が有効です。

葉腐病（ラージパッチ）

［症状］ 日本シバに発生します。芝生の茎葉部分が、直径20㎝ほどの円形状に赤褐色～茶褐色になり、抜けやすくなります。病状が進むと50㎝以上のパッチとなり、ひどい場合は中心部が裸地化します。

葉腐病（ラージパッチ）

［発病期］ 4月中旬から降雨とともにまん延し、6月下旬まで続きます。夏の高温期に自然治癒しますが、9月下旬ごろから再び発生し、11月中旬まで続きます。

［防除法］ 水はけをよくし、秋にチッ素肥料を多く施さないようにします。また、土壌がアルカリ性だと発生しやすくなるので、石灰や貝殻

混じりの砂（目土）はまかないようにします。発病が激しい場合は、ポリオキシン水和剤の散布が有効です。

カーブラリア葉枯病

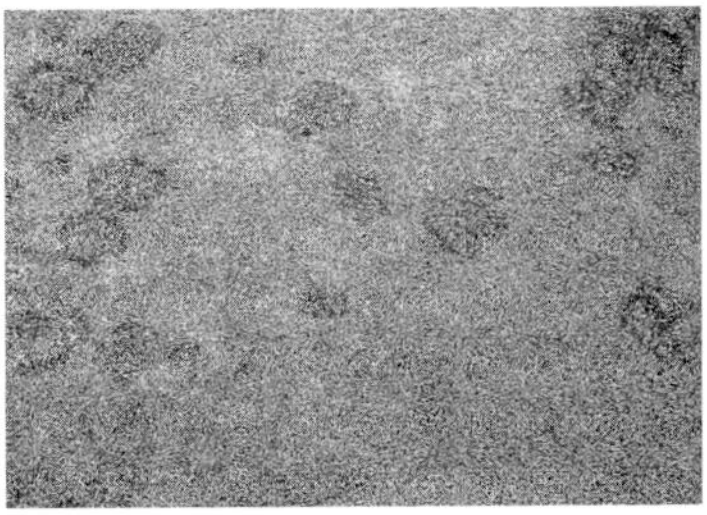

カーブラリア葉枯病

［症状］ 日本シバに発生します。初め直径5～10㎝の黒褐色の犬の足跡状のパッチが生じ、病気が進むとパッチは融合し不整型となり、中心部が枯れ上がります。

［発病期］ 5月中旬以降に雨が続くと発生します。梅雨期の高温多湿時に多発生しますが、盛夏の乾燥期には病勢は衰えます。そして9月ごろまた発生します。チッ素肥料過多によって激発します。

［防除法］ 肥料は適正量を施すようにします。また、土壌表面がアルカリ性だと発生しやすくなるので、石灰や貝殻混じりの砂（目土）はまかないようにします。発生期前にチッ素肥料として硫安を施すと、土壌を酸性にし被害が軽減されます。被害が激しい場合は、ベノミル水和剤やポリオキシン水和剤が有効です。

ダラースポット病

［症状］ 日本シバ、西洋シバともに発生します。5月から直径2～3㎝の黄褐色のパッチとなり、病気が進むと中心部が枯れ上がり地面が露出します。

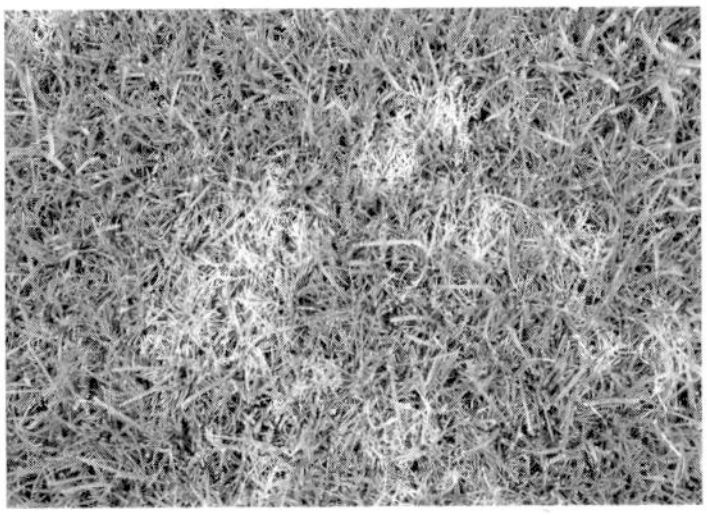

ダラースポット病

【発病期】５月中旬以降に雨が続くと発生します。盛夏の乾燥期には病勢は衰えます。９月ごろまた発生しますが、この時期に発生すると自然治癒できずにパッチ跡が残ります。チッ素肥料の不足によって発生します。

【防除法】チッ素不足にならないよう管理します。チッ素肥料として尿素を施すと発生が軽減されます。また、土壌表面がアルカリ性だと発生しやすくなるので、石灰や貝殻混じりの砂（目土）はまかないようにします。

炭疽病（西洋シバ）・ブルーグラス炭疽病（ケンタッキーブルーグラス）

【症状】炭疽病は多くの西洋シバ、ブルーグラス炭疽病はケンタッキーブルーグラスに発生します。初め葉先から灰緑色の不整形斑が現れ、３～５㎝の円形に沈みます。病気が進むと拡大して直径20～30㎝の褐色のパッチを形成し、中心部は黄褐色化して沈み込みます。

【発病期】５月中旬以降に発生しますが、８月中旬の高温期には病勢は衰えます。その後11月上旬まで発生期間は続きます。発生が激しい場合は、自然治癒できずにパッチ跡が翌春まで残ります。

【防除法】ケンタッキーブルーグラスの夏の病害で最も被害が激しいもので、過湿にしないことが大切です。近年、炭疽病に抵抗力のある品種ができています。そうした品種を選んで植えるようにしましょう。

ブラウンパッチ

【症状】西洋シバに発生します。初め褐色で直径10㎝程度の円形のパッチを形成し、病気が進むと拡大融合して直径50㎝程度の円形パッチを形成します。パッチ内の葉がすべて発病することはまれで、発病後、数週間以内に回復します。

［**発病期**］6月中旬から発病し、梅雨明けの急激な高温多湿時に発生します。

［**防除法**］シバ面が多湿にならないように透水性、通気性の改善を図ります。発病が激しい場合は、ベノミル水和剤やポリオキシン水和剤の散布が有効です。

スジキリヨトウの幼虫

スジキリヨトウ

［**特徴と被害**］日本シバ、西洋シバともに発生します。幼虫は昼は地際に潜み、夜間に出てきて葉や茎を食害します。病気と間違いやすく、発見が遅れると大きな被害を受けます。

［**発生期**］被害は5月から10月まで発生しますが、大きな被害は梅雨明け以降に発生します。

［**防除法**］被害が大きいときは、ＭＥＰ乳剤などシバで登録された殺虫剤を、土にしみ込むようにジョウロなどでまきます。

コガネムシ類

［**特徴と被害**］日本シバ、西洋シバともに発生します。西洋シバは部分的に枯れますが、日本シバは広い範囲で生育不良を起こします。

幼虫が土中で茎や根を食害するので、

セマダラコガネ

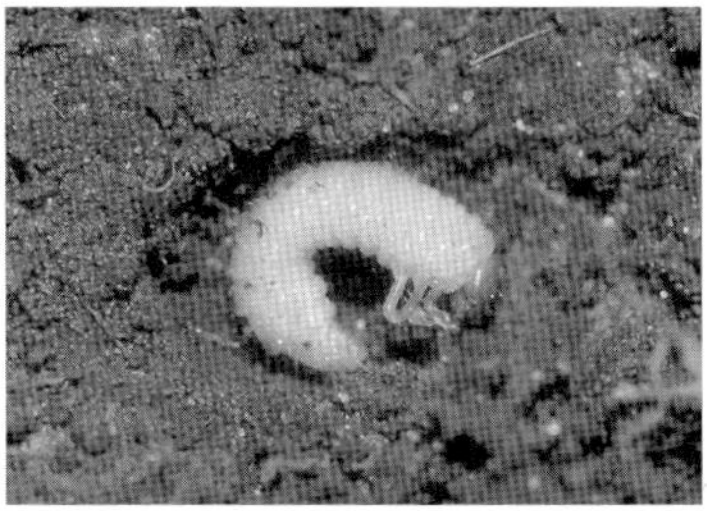
コガネムシの幼虫

被害を受けた芝生は手で引っ張ると簡単に抜けてしまいます。

［発生期］ 被害は5月から10月まで発生しますが、特に被害が大きいのは秋です。

［防除法］ 5月から10月の被害が大きいときは、MEP乳剤などシバで登録された殺虫剤を、土にしみ込むようにジョウロなどでまきます。成虫は夜間、照明に寄ってくるので、成虫の発生期には庭園灯を消しましょう。

シバツトガ

［特徴と被害］ 日本シバ、西洋シバともに発生します。幼虫は地際に芝生や砂粒でツトをつくり、昼はその中に潜んでいて、夜間に茎や根を食害します。

［発生期］ 被害は5月から10月まで発生します。大きな被害は梅雨明け以降に発生します。

［防除法］ ヨトウムシと同様に土際に生息しているので、被害が大きいときはMEP乳剤などシバで登録された殺虫剤で防除します。夜行性なので、夕方に散布するのが効果的です。

シバツトガの幼虫（上）と成虫（下）

一年中緑の芝生をつくる

オーバーシーディングと混植

サッカー場やゴルフ場などでは一年中緑の芝生をつくるために、秋に日本シバなど（夏シバ）の上から西洋シバ（冬シバ）のタネをまいています。この方法を「ウインターオーバーシーディング」といいます。翌年の初夏に元の日本シバに強制的に戻す「トランジション」という作業もあわせて行う必要があります。夏も冬も鮮やかな緑を保ち美しいのですが、タネまきとトランジションを毎年繰り返さなければならないので、けっこう手間がかかります。

同様に日本シバの上から西洋シバのタネをまきますが、一度タネをまいたら、日本シバと西洋シバを永年共存させ、初夏には西洋シバから日本シバへ、秋には逆に日本シバから西洋シバへ自然に切り替わらせるのが「混植シバ」です。夏は日本シバ、冬は西洋シバだけになるウインターオーバーシーディングほど鮮やかな緑にはなりませんが、手間をかけずに一年中緑の芝生を楽しめます。

用いるタネの種類と量

ウインターオーバーシーディングも混植シバも、タネまきの時期やまき方に違いはありません。ただし、オーバーシーディングにはライグラスなどの〝暑さに弱い〟種類を用い、混植シ

オーバーシーディングのタネまき

気温が下がって生育が衰えてきた日本シバの上から、西洋シバのタネをまきます。混植シバの場合は、3〜4月に行うことも可能です。

❶ まず、ベースとなる日本シバを高さ1cm程度に低く刈り込む

❷ レーキでサッチ（枯れ葉の層）をかき出す

❸ 地表面が見える状態（手前側）にまでする

❹ 必要な量のタネをあらかじめ量り分けておく

所定量のタネを均一にまく。少量ずつ2往復ぐらいしてまくとよい

5mm目のふるいを用いて、厚さ2～3mm程度に覆土する

覆土が均一の厚さでないときは、トンボやレーキの背でならす

土やタネが跳ばないように、水をやさしく十分に与える

バには夏に生き残りやすい〝暑さに比較的強い〟ブルーグラスやフェスク類を用います。家庭では、オーバーシーディングにはトランジションがスムーズに行えるオーバーシーディング専用のペレニアルライグラスや一年生のアニュアルライグラスを、混植シバにはケンタッキーブルーグラスがおすすめです。

オーバーシーディングでは西洋シバだけで芝生をつくるときと同量、ライグラスなら1㎡当たり40g程度のタネをまきます。混植シバの場合は半量程度とし、ケンタッキーブルーグラスなら1㎡当たり10g程度まきます。

タネまき後の管理

西洋シバだけの芝生をつくる場合とほぼ同様です。タネまき後は1〜2日ごとに水やりを行い、1〜2週間程度で発芽したあとも、しばら

トランジション

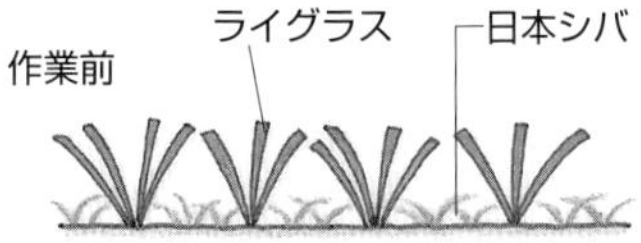

高性のライグラスが生育し、足元の日本シバはその陰になって生育できない

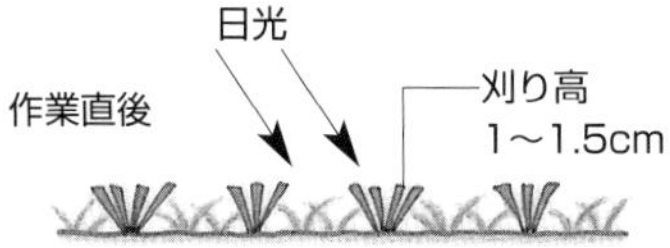

1〜1.5cmの低刈りにより、ライグラスの陰から解放され、日本シバに日が当たるようになる

日本シバが生育を始める。当初はライグラスのほうが生育が早いので、日本シバを傷めない程度にやや低刈りを繰り返し、ライグラスにダメージを与える

くは十分な水やりを続けます。草丈が5㎝を超えるようになったら、週1回、刈り高3～5㎝に刈り込みます。また発芽後から月に1回、化成肥料を1㎡当たり20～30ｇ施しますが、混植シバの場合は、施肥は12月で止めます。

オーバーシーディングした芝生の管理・作業

春先までは、西洋シバの芝生の管理に準じます。5月から6月に、元の日本シバの芝生に戻すトランジションを行いますが、その作業に備え、3月になったら肥料を止めてライグラスの生育を抑えておきます。

トランジションは、ライグラスにダメージを与え、同時に地際の日本シバに日光を当てて萌芽を助けるために、刈り高1～1.5㎝の強い刈り込みをします。また、ライグラスをより早く衰退させるために水やりを控えます。そして日本シバの萌芽を確認したら、化成肥料を1㎡当たり50ｇ程度施して生育促進を図ります。以後、秋に再びライグラスのタネをまくまでは、日本シバの芝生の管理に準じます。

混植シバの管理・作業

刈り込みは、基本的に西洋シバだけのときと同様ですが、日本シバの生育がおう盛な夏だけは日本シバに合わせて月2～3回行いましょう。西洋シバの生育に配慮して、日本シバではほとんど必要ない夏の水やりもやや多めに行います。

肥料は日本シバ中心に考え、4月から8月にだけ施すことが、日本シバと西洋シバのバランス（共存）を保つ最大のポイントです。冬の間も施し続けると、西洋シバが育ちすぎ、初夏に生育を再開する日本シバを覆って、その生育を弱めてしまうからです。

除草剤の種類と使い方

除草剤には、茎葉処理剤と土壌処理剤があります。一般に、茎葉処理剤は発芽後の雑草に散布するもので、雑草が大きくなりすぎた場合に効果は劣ります。土壌処理剤は雑草の発芽前に芝生土壌に散布するもので、雑草の発芽を抑えます。すでに発芽した雑草には効果がありません。芝生用の除草剤としては、土壌処理剤が有効で、春（4〜5月）と秋（9〜10月）の年2回の処理によって、雑草の発生を効率的に抑えることができます。

シバの種類や対象雑草によって、使用できるものとできないものとがあります。また、農薬なので人体への配慮も必要です。説明書をよく読んで使用するようにしてください。

家庭用シバ専用除草剤

タイプ	成分名	商品名（発売元）	適用	対象雑草	備考
土壌処理剤	プロジアミン複合肥料	日産テマナックス（日産化学工業、住友化学園芸）	日本シバ、西洋シバ（ブルーグラス）	一年生のイネ科、広葉雑草（キク科を除く）	肥料入り除草剤
	ベスロジン粒剤	家庭園芸用バナフィン粒剤2.5（北興産業）	日本シバ、西洋シバ	イネ科一年生雑草	
茎葉処理剤	トリクロピル液剤	家庭園芸用ホドガヤザイトロンアミン液剤（住友化学園芸）、HCCザイトロンアミンスプレー液剤（住友化学園芸）	日本シバ	広葉雑草	
	ザイトロン微粒剤	家庭園芸用ホドガヤザイトロン微粒剤（住友化学園芸）	日本シバ	広葉雑草	
	DCBN粒剤	シバキープ粒剤（レインボー薬品）、タケダ園芸ベンポール粒剤（住友化学園芸）	日本シバ	スギナやヒメクグ、広葉雑草	
	MCPAナトリウム塩液剤	日産MCPソーダ塩（住友化学園芸）	日本シバ	広葉雑草	
	MCPAイソプロピルアミン塩液剤	ブラスコンM液剤（北興産業）	日本シバ、西洋シバ	広葉雑草	
	MCPP液剤	理研MCPP液剤（理研グリーン）、シバキープAL（レインボー薬品）	日本シバ、西洋シバ（ブルーグラス）	広葉雑草	

殺菌剤・殺虫剤の種類と使い方

薬剤早見表

	成分名	商品名（発売元）
殺菌剤	ベノミル水和剤	ベンレート水和剤（クミアイ化学工業、住友化学園芸など）
	ポリオキシン水和剤	ポリオキシンZドライフロアブル、ポリオキシンZ水和剤（科研製薬）など
	ミクロブタニル水和剤	ラリー水和剤（ダウ・ケミカル日本）など
殺虫剤	MEP乳剤	スミチオン乳剤（白元、住友化学園芸、ニチノー緑化など）

薬剤使用時の注意点

●薬剤に記載されている適用作物・使用濃度・使用上の注意事項などをよく読んで正しく使用する。
●マスク、園芸用メガネ、手袋、帽子、長袖の服、長靴などを着用して、皮ふの露出部を少なくする。
●体調がすぐれないときは、散布を行わない。
●風の強いときや日中の気温が高いときの散布は避け、風のない朝夕の涼しいときに散布する。また、粒剤以外の薬剤は、半日くらい雨の降らない日を選んで散布する。
●風向きなどを考え、散布液が家屋・洗濯物・ペット・自動車などにかかったり、池に入らないように注意する。
●散布後は手足や顔など皮ふの露出部を石けんでよく洗い、使った器具や衣服も洗っておく。
●散布中および散布当日は、小児やペットが近づかないように注意する。
●余った散布液は、河川、下水などに捨てないで土にまいて処理する。
●薬剤は、直射日光を避け、密栓して小児の手の届かない涼しい場所に保管する。

シバの苗やタネを入手するには

日本シバの苗や西洋シバのタネは、春や秋に種苗店やガーデンセンターに出回り、入手できます。特定の品種やブレンド種子が欲しい場合は、大手種苗会社の通信販売部やシバの専門業者にお問い合わせください。

カネコ種苗株式会社	〒371-8503　群馬県前橋市古市町1-50-12 ☎ 027-253-0561
(株)サカタのタネ 通信販売部	〒224-0041　神奈川県横浜市都筑区仲町台2-7-1 ☎ 045-945-8824
株式会社芝勝商会	〒177-0053　東京都練馬区関町南1-12-4 ☎ 03-3920-1157
ゾイシアンジャパン 株式会社	〒720-1622　広島県神石郡神石高原町近田275 ☎ 08478-2-2126(代表)
タキイ種苗(株) 緑化飼料課	〒600-8686　京都府京都市下京区梅小路通猪熊東入 ☎ 075-365-0123
パイオニアエコ サイエンス(株)	〒105-0001　東京都港区虎ノ門3-7-10 ランディック虎ノ門ビル7F ☎ 03-3438-4731 ※オーバーシーディング専用ペレニアルライグラス種子の取扱
株式会社宮崎芝園	〒880-2112　宮崎県宮崎市大字小松字ロノ坪2892-1 ☎ 0985-48-1580
雪印種苗(株) 環境植生グループ	〒261-0002　千葉県千葉市美浜区新港7-1 ☎ 043-241-7733

浅野義人（あさの・よしと）
1949年、千葉県生まれ。千葉大学園芸学部緑地植物学研究室で芝生に関する研究を行い、その成果を家庭園芸に還元すべく、これからの芝生管理のあり方を積極的に提言してきた。校庭緑化や屋上緑化にも造詣が深い。2007年、没。

加藤正広（かとう・まさひろ）
1965年、千葉県生まれ。千葉県農業総合研究センターにおいて、ゴルフ場など芝生地の無農薬管理に関する試験研究に従事。ゴルフ場から家庭まで、環境にやさしい芝生管理技術の普及を推進している。

AD
湯浅レイ子（ar inc.）
レイアウト
新井達久
イラスト
江口あけみ
本文写真撮影
丸山　滋
写真撮影・提供
浅野義人／アルスフォト企画／アルピナ／上林徳寛／加藤正広／世界文化フォト／高橋尚樹／筒井雅之／徳江彰彦／蛭田有一／福田　稔
撮影協力
泉カントリークラブ／日坂京子／日坂弘行
校正
安藤幹江
編集協力
高橋尚樹

NHK趣味の園芸
よくわかる栽培12か月
芝生

2005年 8月15日　第1刷発行
2025年 6月25日　第31刷発行

著　者　浅野義人・加藤正広

発行者　江口貴之
発行所　NHK出版
〒150-0042　東京都渋谷区宇田川町10-3
TEL　0570-009-321（問い合わせ）
0570-000-321（注文）
ホームページ　https://www.nhk-book.co.jp
印　刷　TOPPANクロレ
製　本　TOPPANクロレ

ISBN978-4-14-040215-3 C2361
Printed in Japan